Guía para
Mujeres desesperadas
mejora tu vida
en todos los aspectos

Textos, diseño e ilustraciones © 2006
Carlton Books Limited
De la edición española © EDITORIAL EVEREST S. A.
Carretera León-La Coruña, km 5 - LEÓN
ISBN: 84-241-1785-9
Depósito Legal: LE: 1200-2006
Printed in China - Impreso en China

www.everest.es
Atención al cliente: 902 123 400

Dirección editorial: Lisa Dyer
Director artístico: Zoë Dissell
Diseño: Liz Wiffen
Maquetación: Gillian Holmes
Ilustraciones: Robyn Neild
Producción: Caroline Alberti

Título original:
The Desperate Housewife's Guide to Life and Love
Traducción:
Mª Luisa Rodríguez Pérez

La información y opiniones contenidas en este libro son
puramente informativas y de interés general para el lector.
Esta obra no suple en ningún momento el asesoramiento de
un profesional médico, un dietista o un preparador físico. Es
aconsejable consultar a su médico antes de iniciar un régimen
de adelgazamiento o un tratamiento de belleza, especialmente
si usted está (o cree que puede estar) embarazada.

Guía para
Mujeres desesperadas
mejora tu vida
en todos los aspectos

Caroline Jones

EVEREST

Contenidos

Introducción

Este libro está dedicado a las esposas y madres desesperadas de todo el mundo... esas mujeres que tratan de encontrar día tras día el equilibrio entre las presiones de la vida, el hogar y la familia, en un mundo cada vez más complejo y estresante. Pero por fin llega una completa guía de supervivencia para la maternidad, el mantenimiento del hogar, la moda, el trabajo, el amor y los hijos. Encontrarás un montón de consejos prácticos que harán tu vida más fácil y feliz. Así pues, trabajes a jornada parcial, a jornada completa o seas una madre que ha elegido quedarse en casa, aquí tienes una gran ayuda que te facilitará las cosas. Este libro está repleto de consejos sobre todos los problemas a los que se enfrenta el ama de casa desesperada de hoy en día: desde qué hacer si a tu marido le gusta la canguro o tu nuevo jefe en la oficina es más joven que tú, hasta trucos anti-edad y cómo cuidar a un bebé pasada la cuarentena.

Cada capítulo parte de la idea de que, aunque quieras a tu pareja y a tus niños y te guste trabajar, por muy gratificante que pueda ser todo eso... la vida sería tristísima si no puedes divertirte un poco y te sueltas la melena de vez en cuando. Y, de igual manera, sólo porque estés en la treintena o la cuarentena y tengas más responsabilidades no significa que ya no quieras ponerte guapa y sentirte atractiva. Así que empieza a leer para volver a equilibrar y ponerle un punto de diversión a tu rutina diaria, renovar tu aspecto y pasar de "desesperada" a "explosiva" en sólo 6 capítulos.

¿Qué tipo de mujer eres?

La **clave del autoconocimiento** consiste en identificar las trampas y costumbres poco sanas en las que has caído. Aunque nadie pertenece por completo a un tipo u otro de persona, te podrías identificar más con uno o dos de los tipos de ama de casa descritos aquí. Sea cual sea tu *modus operandi* -liberal despreocupada, neurótica, "doña perfecta" o "echada para delante"-, las siguientes páginas te ayudarán a examinar lo que funciona bien en tu vida y a descubrir los aspectos que requieren algo más de esfuerzo.

 ## La madre **Agobiada**

ESTILO: Has pasado de vestir trajes a vaqueros viejos y camisetas.

CARRERA: Has dejado atrás el mundo de los negocios por el desastre y caos de la vida familiar, y la transición te está resultando dura… aunque también gratificante.

VIDA SEXUAL: Demasiado cansada para pensar en sexo al acabar el día.

DESPERACIÓN: Tus hijos. Puedes haber dejado el trabajo gustosamente para criarlos, pero ser madre ha agotado tus recursos y ha hecho que te sientas algo resentida.

SOLUCIÓN: Busca (o contrata) una amiga/persona de confianza que se haga cargo de ellos una tarde a la semana y emplea ese tiempo en ti. Este respiro hará que seas una madre más atenta y paciente. Las necesidades de tus hijos no deberían ir siempre por delante. Busca tiempo "de pareja" cuando estén dormidos: apagad la tele y conversad.

 ## La **Devorahombres**

ESTILO: Te pongas lo que te pongas, seguro que debajo llevas lencería provocativa.

CARRERA: Nada que destacar. "Cazar" hombres es tu principal pasatiempo.

VIDA SEXUAL: Sí, por favor, y mucha. Te gusta coquetear y estás al día de tus necesidades sexuales.

DESPERACIÓN: Tu descontrolada libido. Es probable que confundas el deseo sexual con una necesidad de amor y afecto, y tienes una tendencia a pasar de un romance desastroso a otro.

SOLUCIÓN: Tómate tu tiempo y procura conocer a tu posible pareja antes de meterte en la cama (así, aumentarán las posibilidades de que encuentres una relación más duradera).

⭐ La Bien Situada pero Aburrida

ESTILO: Tiene que ser de marca y ridículamente caro… o no te lo pondrías ni loca. Piensa en *Versace*, *Valentino* y *D&G*.

CARRERA: Ir de compras y comer fuera. Tienes un marido adinerado que se ocupa de la economía.

VIDA SEXUAL: Aburrida por no ver nunca a tu marido adicto al trabajo, te has planteado seriamente tener una aventura.

DESESPERACIÓN: Tu soledad. Estás muy bien situada económicamente, pero muy en el fondo sabes que hay algo más.

SOLUCIÓN: Plantéate algún voluntariado. Confecciona una lista de las cosas que puedes hacer para ayudar a alguna ONG local.

⭐ La esposa Perfecta

ESTILO: Piensa en conjuntos impecables y perlas acompañadas de zapatos de corte salón.

CARRERA: Diosa doméstica compulsiva, que se pone nerviosa si algo no está en su sitio o si cada comida no es una delicia culinaria espectacular.

VIDA SEXUAL: El sexo está bien, pero sólo si todas las labores del hogar están hechas… y si no se arrugan las sábanas recién lavadas.

DESESPERACIÓN: Tu perfeccionismo. Toda tu vida está orientada a ser la esposa y madre perfecta, pero como la vida no es perfecta, siempre estás desilusionada. Debes recordar que una cocina reluciente no resolverá los problemas emocionales que existen.

SOLUCIÓN: Deja que tus niños y pareja te ayuden con la cocina y la casa: se sentirán más involucrados y te ofrecerán más apoyo.

⭐ La divorciada Vulnerable

ESTILO: Sexy de un modo desmelenado, pero atractivo.

CARRERA: Una madre sola haciendo malabares con el trabajo y los niños.

VIDA SEXUAL: Buscas constantemente un buen hombre, pero el mundo de las citas y las salidas nocturnas te resulta intimidante.

DESESPERACIÓN: Tu relación, o no tener una. Necesitas desesperadamente pasión, apoyo y afecto, pero no tienes ni idea dónde buscarlo.

SOLUCIÓN: No te quedes parada esperando a Don Perfecto, dejando que la vida pase. Céntrate en disfrutar de la vida tal y como es: tiempo con tus hijos, diversión, salidas con amistades o acontecimientos sociales.

CAPÍTULO 1

Amor y sexo para mujeres auténticas

Limpieza general de tu vida amorosa

Quien haya dicho que cuando se encuentra al Hombre Perfecto todo encaja -y permanece siempre así- mentía... pues, aunque consigáis seguir juntos, **mantener viva la chispa es un trabajo realmente difícil.**

Quizá discutas constantemente, o tu vida sexual ha perdido el aliciente, o tal vez te hayas descubierto babeando por el musculitos de la oficina de vez en cuando. Lo cierto es que las tensiones y problemas derivados de intentar conciliar la vida diaria, los amigos y el trabajo pueden **oxidar un poco la relación.** Pero... lo primero es lo primero: es hora de ocuparte de tu vida amorosa.

De igual manera que las casas, **las relaciones van acumulando trastos.** Y de igual manera que la limpieza general elimina la basura no deseada y restaura la armonía en tu espacio vital, las sesiones de limpieza regulares de tu relación renovarán tu amor y restaurarán la chispa entre tú y tu pareja.

Paso 1
DESINTOXICACIÓN

Si lleváis juntos algún tiempo, seguramente no os vendrá nada mal una buena *desintoxicación*. El siguiente ejercicio es un método excelente para hacerlo.

1   **Reservad un fin de semana** en el que podáis estar solos y sin que os molesten durante 2 días enteros.

2   **Coged cada uno una libreta** y preparaos para compartir sentimientos.

3   **Escribid finales sinceros** para las siguientes afirmaciones:
    Estoy contigo porque...
    Me sentí herido/a cuando...
    Me enfadas cuando...
    Me molesta cuando...
    Tú siempre...
    Tú nunca...

Después, enseñad o leed cada uno lo que habéis escrito. El objetivo es comentar los **pequeños resentimientos** que hayáis almacenado durante todo el tiempo que lleváis juntos. **Luego, olvidadlo.**

Una de **las peores cosas que todos hacemos es sacar a relucir resentimientos pasados,** pero éste es uno de los comportamientos más destructivos posibles dentro de una relación... y puede hacer daño incluso a las parejas más unidas.

Los rencores almacenados suelen aparecer porque ciertas cuestiones difíciles no se resolvieron en su momento. Así pues, la próxima vez que surja un problema, procura enfadarte, reñir o hacer cualquier cosa que haga falta para resolverlo; después, olvídate del asunto. Perdona (claro está, si es algo que se pueda perdonar) y **que la discusión pase a la historia.**

Paso 2 ¡LO POSITIVO!

Poned final a las siguientes afirmaciones:

Te perdono por...

Valoro tu...

Te agradezco que...

Me excitas cuando...

Estoy orgullos@ de ti porque...

Te quiero porque...

Después, igual que hicisteis antes, **compartid las respuestas.**

Cuando hayáis terminado, **deberíais sentiros más unidos,** como si vuestros viejos rencores se hubieran solucionado, recordando todas las razones por las que estáis juntos.

Tal vez suene un poco cursi, pero **cuando os acostumbréis a hablar de cómo os sentís,** os resultará más natural hacerlo y debería ayudaros a poner fin a las *agendas ocultas* y a los sentimientos y rencores reprimidos.

Cómo recuperar la chispa

Para la mayoría de las parejas, el **barómetro de la felicidad** respecto a la relación son las relaciones en el dormitorio.

Si tu vida sexual es emocionante y divertida, lo más probable es que todo lo demás vaya bien. Pero **cuando surgen problemas entre las sábanas**, suele ser síntoma de que algo no funciona entre vosotros.

La buena noticia es que, con un poco de cuidado y atención, es fácil recuperar ese sentimiento amoroso y reforzar la relación al hacerlo. He aquí cómo enfrentarse a **los 5 problemas más comunes** que minan la vida sexual de la pareja

1 DEMASIADO CANSAD@, DEMASIADO OCUPAD@, PARA HACER NADA

El estrés y el agotamiento son los "matapasiones nº 1". Si no tenéis tiempo para el sexo, lo más probable es que no tengáis el tiempo ni la energía para otras cosas que os gustan de la vida

Qué hacer

Concédete algo de tiempo para relajarte y cuidar de la número uno (tú): comer bien, dormir bien y hacer ejercicio. Cuanto más feliz seas, más feliz estarás con otra persona.

2 LOS NIÑOS ESTÁN ACABANDO CON TU VIDA SEXUAL

Es perfectamente normal no tener ganas de sexo hasta 6 meses después de dar a luz… Pero llega un momento en el que tienes que hacer un esfuerzo para dar de nuevo prioridad a tu relación.

Qué hacer

Contratad una canguro y salid solos para intentar así desviar un poco de atención de tu niño a tu pareja. Un buen momento para recuperar tu *cuerpo sexual* es cuando acabes de amamantar.

3

FALTA DE IMAGINACIÓN

La mayoría de las mujeres se excitan más cuando se les estimula el cerebro.

Qué hacer

Explora lo que te excita. Lee libros eróticos, fantasea, experimenta y mastúrbate. Si nunca has usado uno antes, un vibrador puede ayudarte a encontrar tus zonas verdaderamente erógenas.

4

SINTIENDO LA PRESIÓN

Cuando te sientas preparada para el sexo, no apresures las cosas.

Qué hacer

El masaje es un buen punto de partida porque no es amenazante. Disfrutad de la intimidad… y si se transforma en algo más excitante, mejor que mejor. Practicad el sexo con menos frecuencia y convertidlo en algo más especial cuando lo hagáis.

5

ATRAPADOS EN LA RUTINA

Las relaciones resultan aburridas a veces… pero esto no es un síntoma de ruptura: de hecho, es el momento más duro del trabajo. Así pues, debéis esforzaros tanto como cuando empezasteis a salir juntos.

Qué hacer

Haced excursiones y salid a cenar fuera. Dedica algo de tiempo a ponerte y sentirte estupenda. Y pasad tiempo juntos haciendo cosas íntimas que no siempre acaben en sexo.

Los fines de semana románticos planeados a veces acaban mal por la expectación que despiertan, mientras que un fin de semana en el que sólo pretendéis pasar algún tiempo juntos a menudo acaba en sexo espontáneo.

Reservar tiempo de calidad para estar juntos es vital, así que salid, pero concentraros en hablar y estar juntos… no en el sexo.

CINCO FORMAS INSTANTÁNEAS
de avivar tu relación

1 **Las relaciones sanas comienzan con una autoestima sana.** Si no te quieres a ti misma, te resultará difícil creer que tu pareja te quiere. Refuerza la confianza en ti misma pidiendo a tu pareja que enumere tus cualidades positivas... y ¡memorízalas!

2 **Haz algo por tu pareja** que no tenga más propósito que hacerle feliz, y no porque debas hacerlo. En ocasiones, el amor consiste simplemente en dar sin esperar nada a cambio.

3 **El contacto físico es vital**, y no sólo el sexo. Cuando nos tocamos, liberamos oxitocina, la sustancia química natural que nos hace relacionarnos. Cuanto más tocamos, más cercanos nos sentimos. Llena de afecto físico tu vida cotidiana, con un abrazo en el sofá o con un abrazo antes de ir a trabajar.

4 **Dedica unos instantes a echar la vista atrás** y recordar las 3 razones principales por las que te enamoraste de tu pareja.

5 **Si tenéis hijos, siéntate con tu pareja** y haced una lista de todas las cosas que más os gustan de ellos. A continuación, colocadla en un corcho o tablón de anuncios y miradla siempre que cualquiera de los dos se enfrente a los muchos desafíos que plantean los niños.

Cómo no caer en el rol de la "solterona"

Si estar soltera es tan fantástico... ¿por qué me siento tan sola? Hoy en día, estar soltera ya no supone ser simplemente una vieja solterona, sino que identifica a cualquier mujer que disfruta de una vida sin pareja. Cuando estabas casada o mantenías una relación a largo plazo, **¿alguna vez miraste con envidia a tus amigas solteras** y deseaste poder divertirte tanto como ellas?

Lo más probable es que ahora que estás libre, la vida de soltera no te parezca tan *glamourosa*. De hecho, tras la separación, la vida en sí misma puede resultar aterradora. Pero, no tengas miedo, ahí es donde empieza la diversión de verdad...

Saca el máximo partido de tu SOLTERÍA

En primer lugar, recuerda que **es distinta para todas.**

Dedica algún tiempo a redescubrirte y saber quién eres. Confecciona una **lista de todas las cosas que te hacen feliz,** y procura hacer por lo menos una cada día.

Manténte en contacto con tus amigos y amigas: abre todas tus líneas de comunicación y sal por ahí.

No te obsesiones con encontrar a alguien nuevo: casi todo el mundo capta la desesperación a distancia... y no es atractivo.

Cómo ser una SOLTERA con ÉXITO

1 NO BUSQUES EL **REBOTE**

El primer instinto de la mayoría de las mujeres cuando se quedan sin pareja es correr en la dirección contraria, probablemente directas hacia otra relación… hacia cualquier relación. **No rebotes en otra relación de inmediato, casi nunca funciona.**

2 DEJA DE **PREOCUPARTE**

Cuando nos estamos recuperando de un abandono frío y difícil, **el sentimiento inicial es tener miedo.** Nos preocupamos por si alguien alguna vez nos encontrará de nuevo atractivas, si practicaremos sexo de nuevo o si encontraremos a nuestro "verdadero amor" y seremos felices.
La respuesta a todas estas preguntas es "¡Sí!".

No pierdas el tiempo preocupándote por envejecer y acabar sola: eso NO va a ocurrir.

3 SIENTE LA **LIBERTAD**

Puedes comer lo que te gusta y cuando te apetezca. Las solteras pueden pasar tiempo con quien quieran sin tener que "fichar" ni pedir permiso. **Pueden salir cuando quieran o quedarse en casa si no les apetece salir.**

4 SÉ **EGOÍSTA**

Cuando estás soltera, si no tienes niños, puedes centrarte en ti misma y ser egoísta sin sentirte culpable. **Puedes concentrarte al 100% en lo que deseas en la vida.** ¿Dónde quieres vivir? ¿De qué color te gustaría pintar tu dormitorio? ¿Qué clase de coche quieres? ¿Dónde te apetece ir de vacaciones?

Puedes aprender un idioma, aficionarte a algo o practicar deporte para conocer gente nueva **sin tener que dar explicaciones.**

5 AFICIÓNATE A COSAS NUEVAS

Es el momento de **probar algo que siempre hayas querido hacer…** sobre todo si se trata de algo que tu pareja no quería hacer.

O puedes **emplear** este tiempo para **ponerte en forma, tanto física como mentalmente.** Al no tener a nadie más en tu vida de la que tengas que recibir una "aprobación", puedes establecerte algunas metas personales con plena libertad (como parte integrante de una pareja, en realidad no disfrutas de ese lujo porque siempre debes tener en cuenta a la otra persona).

6 REDESCUBRE A TUS AMIG@S

Ahora puedes **pasar tiempo con los amigos, amigas y familiares** a los que, quizás últimamente, no hayas dedicado mucha atención. Aún mejor: ya no tienes que pasar el tiempo con sus amigos y familiares, ¡que tal vez ni siquiera fueran de tu agrado!

7 ENCUÉNTRATE

Cuando se forma parte de una pareja, todos perdemos la perspectiva de quiénes somos. En algún punto del viaje, nuestra identidad puede perderse en la unión y es inevitable, especialmente en una relación a largo plazo. **Dedica tiempo a averiguar qué te emociona de verdad.**

8 SÉ "PETULANTE"

Cuando los amigos y amigas con pareja se quejan de sus relaciones, puedes dar las gracias **por no tener que enfrentarte a ese tipo de problemas…** por lo menos de momento.

PEQUEÑOS CONSEJOS sobre la soltería

¿DEBERÍA SEGUIR EN CONTACTO CON MI EX?

Es el viejo cliché: **"Me gustaría que siguiéramos siendo amigos"**...
¿Pero lo sentimos de verdad? ¿Funcionará?

> *Sí:* Si hay hijos de por medio, es inevitable que os veáis. En algunos casos, después de relaciones largas, hay tanta *historia* entre vosotros que resulta imposible dar un carpetazo definitivo a la relación.
>
> Si disfrutáis de la compañía del otro, ¿por qué no seguís siendo amigos? **Si la única razón de la ruptura es que se ha acabado el amor, eso no significa que la amistad haya desaparecido.** Comunicad al resto que seguís siendo amigos y comunicaros entre vosotros cuando acudáis a reuniones con amigos mutuos.

> *No:* Con frecuencia, "el que deja" utiliza este tópico para suavizar el golpe, sabiendo que nunca van a quedar a tomar un café. Si tú eres "la que deja", y tu ex te sigue llamando, tal vez tengas que ser sincera. Si te han dejado, y no responden a tus llamadas, date por enterada. **La amistad es una autopista de dos direcciones, y si sólo uno de vosotros la recorre... no merece la pena.**

Mantener el contacto con tu ex también puede **dificultar la evolución y reconstrucción de tu vida.** Podéis optar por daros un respiro para poder acostumbraros a estar separados. Sin embargo, **podéis decidir que lo mejor es conservar los buenos recuerdos**, en lugar de volveros locos mutuamente por las dificultades de intentar ser amigos (en estos casos: ruptura definitiva).

Cómo encontrar al hombre perfecto

En lugar de quedarte sentada esperando a que el destino lo traiga a tu puerta, toma el mando de la situación. Quizá tengas que tolerar cosas que no parecían tan difíciles cuando eras más joven y más flexible. Aprende de tus errores y sé realista: el hombre perfecto no existe… pero hay muchos hombres geniales con quienes podrías establecer una relación duradera.

En primer lugar, debes estar dispuesta, y no sólo deseosa. Esto supone sentirte feliz, segura de ti misma e independiente. No tiene sentido pretender buscar a un hombre que sea la última pieza del rompecabezas. **La felicidad proviene del interior:** una buena relación debería ser algo así como la guinda que decora el pastel. Además, **mostrarte segura resulta de lo más sexy.**

En segundo lugar, debes estar libre de verdad: no puedes buscar a "Don Repuesto". **Si no te has recuperado de tu última relación, primero tienes que enfrentarte a esos sentimientos.** Siempre se tiene un punto de vista poco preciso cuando comparamos a un hombre con otro. Todos son distintos, con sus propios defectos y virtudes.

Averigua QUÉ QUIERES

Confecciona una lista de las cualidades que debería tener tu hombre perfecto y una lista de los defectos que no podrías tolerar. Después, decide qué cualidades y qué defectos podrías aceptar. Aunque el atractivo pueda parecer importante ahora, sé consciente de que el físico se deteriora con el paso del tiempo. **Es mejor centrarse en cualidades vitales**, como una actitud positiva o el sentido del humor. Tu lista debería incluir lo que es importante para ti en un hombre y lo que te hace feliz.

EVALÚA tu pasado

Lo siguiente que debes hacer es **pensar en las características de tus anteriores amantes y ex-maridos.** ¿Qué te atrajo de ellos? ¿Cuántos de sus rasgos encajan con tu lista de necesidades? Si existe cierta relación entre lo que necesitabas y lo que tenías, observa cómo todos los hombres de tu vida se parecían. Si las cualidades esenciales para ti son "amable", "considerado" y "buen carácter", pero eliges a hombres que carecen de dichas cualidades y además son "atractivos", "sexys" o "buenos en la cama"… sé consciente del conflicto que existe cuando conozcas a alguien nuevo.

No rebajes tus expectativas sólo por tener una relación. Saber lo que quieres antes de empezar a buscar el amor ayuda a discernir lo bueno de lo no tan bueno, y te permite encontrar a alguien verdaderamente compatible para un posible amor duradero.

SEXO CON TU EX

Podéis reconstruir los lazos de unión y convertiros de nuevo en amigos, pero cuando estéis cerca **tal vez os encontréis envueltos de nuevo en una espiral de deseo**… y quizá de amor. No obstante, si tienes la sensación de que tu ex continúa en tu vida únicamente porque quiere volver contigo, tendrás que sacar el tema y dejar claro que eso no va a ocurrir. Si tú también quieres volver, piénsatelo bien antes de echarte en sus brazos: **trata de recordar por qué lo dejaste.**

El PLAN de caza

Ahora estás preparada para la búsqueda. **Empieza buscando cerca de ti**: ¿Hay algún compañero de trabajo que te resulte atractivo? Muchas mujeres conocen a sus futuras parejas en el trabajo, lo que suele significar que tenéis antecedentes similares y que ya existe una relación de amistad entre vosotros. Éstas son las mejores actividades para ir de caza:

LO FUGAZ ES LO MÁS

¿Una cita por noche? ¡Eso ya está pasado! Atrévete con **citas de 15 minutos** y amplía tus opciones. Hay decenas de empresas dedicadas a las citas rápidas que organizan fiestas donde bebes, charlas y ves quién te atrae. Llévate a una amiga que te respalde, un lápiz para marcar tu lista y, ¡quién sabe!… quizá encuentres un diamante en bruto.

DEJA QUE TUS DEDOS HABLEN

Apúntate a una agencia de citas *online* con buena reputación y, **siéntate a ver cómo llegan tus citas con un solo *clic*.** Es genial para aquellas que trabajan muchas horas, que son tímidas, o que creen que es difícil conocer gente este mundo loco.

Siempre que acudas a una cita, dile a alguna amiga o familiar dónde vas, con quién has quedado y cuándo regresarás.

ALGO DE QUE HABLAR

Apúntate a una clase nocturna… y así tendréis algo en común. Ya te apasione la astronomía o la observación de aves; a veces, las pequeñas cosas son las que acaban uniendo a las personas.

EL MEJOR AMIGO DEL HOMBRE

Cómprate un perro y cuando salgas a pasearlo, tantea el terreno. **Elige rutas que te lleven por delante de lugares estratégicos,** como campos de fútbol o pistas de tenis. Observa también a los corredores y ciclistas.

EN CAPILLA

No hay ocasión que nos haga sentir más cariñosas y ñoñas que una boda. Así pues, **colócate en la "pole position" para coger el ramo…** y tal vez encuentres un hombre *todito para ti.*

Trucos de supervivencia marital

Los matrimonios deberían ser una relación igualitaria en la que ambas partes puedan desarrollarse, pero esto no es lo habitual... o al menos no es así todo el tiempo. Cada matrimonio tiene sus altibajos, pero reconocer los síntomas de peligro, además de la dinámica que os unió en un primer momento, puede contribuir en gran manera a transformar tu matrimonio en uno que dure toda la vida.

¿Tu relación es del tipo INFANTIL, PADRES-HIJOS o de HERMANDAD?

Según los psicólogos, existen tres tipos claros de matrimonio. Aunque estas categorías pueden parecer limitadas, son bastante reveladoras de cómo funciona tu matrimonio:

En el modelo infantil, las dos partes juegan a estar casados y ninguno ha madurado lo bastante para enfrentarse a los aspectos más difíciles del matrimonio. Esta relación suele ser divertida, pero volátil. Si consiguen madurar juntos y disponen del dinero suficiente para disfrutar de la vida, este matrimonio puede durar.

En el modelo padre/madre-hijo/a, un miembro de la pareja es el padre controlador, y el otro consiente. Esto puede funcionar durante algún tiempo, sobre todo si hay diferencia de edad, pero se complica, de forma casi inevitable, cuando el hijo quiere crecer.

La relación de hermandad es íntima y cómoda. En general, a las personas les gustan otras que se les parezcan y suelen compartir sistemas de valores similares. Por desgracia, el elemento erótico, débil ya de por sí, puede llegar a ser inexistente. Como existe tal grado de comodidad entre las dos partes, esta relación puede ser duradera si sobrevive a las aventuras extramatrimoniales.

12 TRUCOS para lograr un BUEN MATRIMONIO

1 **Ten cuidado con lo que dices:** ya no puedes borrarlo. Evita palabras como "Deberías haber. . ." o "Tú nunca. . ." y sustitúyelas por estructuras como "Me encantaría si. . .".

2 **Comunícate, pero sin criticar.** No busques el enfrentamiento y expón los problemas con calma y amabilidad. Haz una pausa después de plantear una pregunta para dejar que responda, pero sin hablar por él. Si fuera necesario, no digas nada hasta que responda, por muy largo que sea el silencio.

3 **Dejad a un lado los viejos rencores.** Aprende a reconocer los mecanismos de cada uno que transforman una conversación en discusión. Los viejos rencores están siempre ahí: evita sacarlos en nuevas conversaciones.

4 **Resolved los problemas monetarios.** Las finanzas son el principal motivo de discusión, así que lo mejor es tenerlas bajo control. Decidid juntos cómo y cuándo gastaréis vuestro dinero, y vuestra relación ganará sintonía. Procurad mantener las influencias personales alejadas de la charla monetaria; lo último que deseas es discutir sobre si "él" no gana lo bastante o si "ella" gasta demasiado dinero en zapatos.

5 **Acepta la influencia** de tu pareja. En lugar de sentirte como si estuvieras cediendo o dejándote dominar por tu compañero, acepta el hecho de que sois una pareja y los dos tenéis el mismo peso. Las investigaciones demuestran que las mujeres están acostumbradas a ceder ante las necesidades de sus maridos, pero sólo disfrutarás de una relación verdadera cuando él también puede hacerlo.

6

Termina y resuelve las discusiones. Encuentra una manera de poner fin a las discusiones con humor, cumplidos o muestras de cariño. Si nada de esto funciona, daos un respiro para calmar los ánimos.

7

No confíes en que él te lea el pensamiento: el que estés casada con él no implica que él sepa qué quieres y cuándo lo quieres. Los hombres suelen pensar: "Si ella quiere que lo sepa, me lo dirá", mientras que las mujeres piensan: "Si me quiere, lo hará sin preguntarme". ¿Captas el problema?

8

Sé positiva. Los más felices son aquellos en los que ambos miembros tienen puntos de vista positivos (trata de que esto se refleje en las palabras que empleáis). Erradica los patrones negativos.

9

Rebaja tu tolerancia hacia los comentarios hirientes. Si establecéis un comportamiento correcto desde el principio -aunque sea por pura educación- tendrás menos posibilidades de caer en comportamientos y actitudes deleznables.

10

Formad un equipo. Esto es importante cuando tenéis niños, ya que necesitan ver que estáis juntos en asuntos importantes para ellos. Es bueno que os vean discutir y resolver problemas: así aprenderán los mismos mecanismos.

11

Actuad como una pareja. Cuantas más cosas hagáis juntos, mejor será vuestra relación. Esto no quiere decir que tengas que dejar de hacer escalada si tu pareja lo detesta, pero estad atentos a cuántas cosas hacéis por separado o el tiempo que no pasáis en compañía del otro.

12

La verdad es la clave de un buen matrimonio. Cuando se rompe la sinceridad, ya no nos sentimos seguros. Si sientes que hay algo que no puedes decirle a tu pareja, analiza el motivo… ¿Cuáles son tus miedos y qué revelan?

Campos de minas maritales

¿Dar un beso significa ser infiel?

¿Un beso no es más que un beso? En teoría, sí...
pero debes analizar **qué significa ese beso de verdad.**

Si es mecánico, nada apasionado y simplemente cortés, entonces, claro está, no es un problema. Si es una declaración de amistad de amigo a amigo, entonces es inocente. Pero cuando entras en terreno farragoso es **cuando un beso significa más que cortesía o amistad.** Así pues, si sabes con toda seguridad que te sientes atraída hacia la persona que estás besando, estarás haciendo una declaración al continuar. ¿Qué transmites con ello? ¿Qué le estás diciendo? ¿Y qué le estás diciendo a tu pareja?

Cómo definir la INFIDELIDAD

Hay parejas que mantienen relaciones abiertas y son bastante felices con su situación. Pero aquí es donde entra en juego la sinceridad... **las relaciones abiertas se basan en el conocimiento; la infidelidad se funda en mentiras y engaños.** Las dos formas básicas de infidelidad son la emocional y la física.

LA INFIDELIDAD EMOCIONAL varía desde salir con alguien a espaldas de tu pareja o llegar a una situación en la que estás tan emocionalmente cerca de alguien que te enamoras. **La infidelidad emocional se considera menos calculada** que la infidelidad física, pero es igualmente deliberada ya que es preciso dejarse llevar antes de enamorarte de otra persona.
LA INFIDELIDAD FÍSICA significa simplemente eso: **besarse, acariciarse, sexo oral o sexo completo.** La mayoría de las personas que mantienen una relación definen claramente lo que interpretarían como infidelidad: unas incluyen bailar de manera insinuante con otra persona, mientras que otras no consideran una traición el besar a otra persona. Una vez más, todo depende de los valores individuales.

¿DECIRLO o NO decirlo?

Los hombres suelen poner fin a una relación cuando descubren una infidelidad. En otras palabras, si de verdad quieres salvar tu relación y estás completamente segura de que esto nunca volverá a ocurrir entonces, **en ocasiones, es mejor no decirlo.**

Decirlo alivia únicamente tu propia conciencia y si tu chico no es de los que perdonan, puedes **despedirte de él para siempre.**

Claro está, en cualquiera de las dos situaciones, **tendrás que meditarlo mucho.**

La infidelidad es una experiencia dolorosa, sobre todo para la persona engañada. Averiguar la raíz de la infidelidad es un buen comienzo, y esta a menudo **surge de sentirse infeliz** con alguna parte de tu vida, pero sin saber cuál. El mejor consejo es: no lo hagas. Si existe algún problema en tu relación, habla con tu pareja, y si esto no resuelve las cosas, tal vez haya llegado el momento de dar un paso hacia delante.

Si quieres buscar una nueva relación, **te ahorrarás muchas decepciones y heridas si estás libre.**

¿Lista para tener UNA AVENTURILLA?

Responde a las siguientes preguntas para averiguar si estás preparada para una aventura. Cuantas más respuestas positivas tengas, mayor será la probabilidad.

¿Sientes:

* Que tu pareja no te da tantos mimos como quisieras?
* Que te apetecería practicar el sexo con más frecuencia?
* Que tu pareja no te valora?
* Que preferirías que tu pareja tuviera un sueldo mejor o un estatus laboral más alto del que tiene?
* Que tu pareja debería escucharte más?
* Rencor porque tu pareja ha tenido una aventura?
* Que tu pareja debería prestarte más atención?
* Decepción o desilusión en tu relación?

¿Por qué ERES infiel?
HAY UN MOTIVO

Hay **cuatro motivos principales** por los que la
gente tiene aventuras. Así es como debes actuar:

NO SENTIRSE QUERIDA

Con frecuencia, las mujeres son infieles porque desean más afecto físico
o atención emocional de la que obtienen de su pareja.

Cómo solucionarlo

Debes hablar de ello con tu hombre lo antes posible. Sé sincera
sobre tus necesidades y los motivos por los que él no está
cubriéndolas, así tendréis más posibilidades de **atajar el
problema de raíz** y evitar los devaneos.

FALTA DE SEXO

Querer más -o mejor- sexo es otro factor importante a la hora
de tener una aventura

Cómo solucionarlo

¿Alguna vez le has dicho a tu pareja lo que quieres en la
cama? Si no es así, ha llegado la hora de ser sincera, por
muy difícil que te parezca. Si el sexo se ha convertido en
un problema importante, merece la pena acudir juntos a
un asesor matrimonial/terapeuta sexual para enderezar
las cosas sin necesidad de que ninguno de vosotros
busque fuera.

DESILUSIÓN

Sentir que tu pareja no es lo que pensabas es otro motivo clave para ser infiel. Las investigaciones demuestran que **las mujeres con frecuencia tienen aventuras con hombres más exitosos** o mejor pagados que sus maridos. Y muchas de las mujeres que tienen aventuras lo hacen únicamente después de que sus parejas les hayan sido infieles.

Cómo solucionarlo

Resulta difícil, pero es importante recordar todas las razones por las que te sentiste atraída hacia tu pareja en un primer momento. Y si esa atracción ya no existe, y resulta imposible volver a encender la chispa, lo mejor es poner fin a la relación en lugar de iniciar una aventura.

DESEAR UNA VÍA DE ESCAPE

En ocasiones, buscamos una aventura para salir de una relación que ya no existe. **Necesitamos un catalizador** que nos dé la confianza para poner fin al asunto de una vez por todas.

Cómo solucionarlo

Evidentemente, es mucho más justo -para ti y para tu pareja- reunir las fuerzas para acabar la relación antes de llegar demasiado lejos. Si tienes miedo a quedarte sola, deberás enfrentarte a ello por tu cuenta.

Cómo AVERIGUAR si él podría estar siendo INFIEL

Tu pareja...

★ ¿Te rechaza?

★ ¿Ya no se comunica contigo?

★ ¿Pasa mucho tiempo fuera, en lugares nada específicos?

★ ¿Se ha vuelto evasivo?

Presta atención a los cambios que te resulten extraños. Irónicamente, cuando alguien tiene una aventura, puede parecer que la relación mejora. Ramos de flores inesperados o una mejora en la vida sexual pueden ser síntomas de una aventura. A veces ocurre porque tu pareja respira nuevos aires gracias a su aventurilla.

Qué hacer si ESTÁS SEGURA de que él tiene una AVENTURA

Si realmente crees que tu pareja tiene una aventura, **tienes que enfrentarle con la evidencia.** Puedes tratar de ignorar lo que sospechas, pero es muy difícil mantener una relación, por no hablar de la cordura, cuando una se guarda esos sentimientos para sí misma.

Saca el tema con mucho tacto -aunque tus sentimientos te hiervan la sangre- porque si tu pareja tiene una aventura, esto le hará cerrarse en banda de inmediato... pero si no la tiene, se sentirá enfadado, decepcionado y ofendido.

Por otra parte, si se confirman tus sospechas y él tiene una aventura, **tienes dos opciones para tu siguiente paso.**

DEJARLE

La más sencilla. Negarte a aceptarlo es tu sentimiento en un primer momento, pero la seriedad de este deseo dependerá de la duración de la aventura: si era amor o un *rollito* pasajero, y de cuántas mentiras te haya contado. Si sientes que te ha tomado por tonta y que no ha demostrado ningún respeto por tus sentimientos, **dejarle será la opción más sensata.**

Sin embargo, tu vida se trastocará por completo, tanto a nivel físico como emocional y económico, y cuando pase la tormenta, **tal vez te arrepientas**; así que, asegúrate de que eso es lo que quieres.

QUEDARTE

Elegir quedarte con tu pareja tras descubrir una infidelidad es una opción más difícil. Sabes que el sexo va a ser imposible en los meses venideros porque no puedes dejar de imaginártelo con ella. **Además, existe el riesgo real de que tu ira y resentimiento por su traición acaben destruyendo la relación.** Afrontar lo ocurrido y perdonarle será seguramente el mayor desafío al que jamás se enfrente vuestra relación.

La tentación de los chicos objeto: ¿La edad es sólo una cifra?

Estamos acostumbrados a ver parejas famosas luciendo sus grandes diferencias de edad frente a las convenciones sociales… Sin embargo, parece que **representan una tendencia cada vez más creciente.**

Según datos oficiales, más del 50% de todas las parejas que se casaron en Inglaterra y Gales en 2003 quedaban fuera de la denominada diferencia de edad "normal" de 5 años.

Y, claro está, no existen estadísticas oficiales sobre las parejas que tienen relaciones estables sin estar casadas, pero la cifra es seguro aún más alta.

A medida que se ha ido equiparando el papel de hombres y mujeres, han evolucionado nuestras ideas sobre la pareja perfecta. **Un hombre y una mujer de la misma edad con 2,4 hijos de media, ya no es el único modelo de relación duradera.** Para que el amor funcione es más importante que las personalidades, y no las edades, sean parecidas.

Las mujeres de 30, 40 e incluso 50 años están más sanas, en forma y parecen más jóvenes que nunca, lo que significa que unos añitos aquí y allá significan menos físicamente que hace una década. De hecho, lo importante no es la diferencia de edad, sino qué es lo que hace que una relación funcione.

Todo esto puede explicar **el ascenso del chico-objeto,** un fenómeno tan común que hoy rara vez causa sorpresa.

Una de las mejores cosas sobre los chicos más jovenes es su entusiasmo: por la vida y por ti. Los hombres mayores pueden parecer cínicos y sospechosos, armados con un bagaje de relaciones, y más recelosos. Además, tener un chico-objeto puede devolverte el sentido del humor.

Pero, ¿y el futuro? Vuestro amor puede ser genial ahora, pero… ¿qué pasará dentro de 5, 10 ó 20 años?

Lo que queremos de la vida evoluciona a medida que cambia nuestra experiencia.

¿Funcionará una pareja con tal diferencia de edad… o acabarán siendo sus necesidades radicalmente distintas?

Tipos de hombre que deberías evitar

Hay **varios tipos de hombres** de los que deberías mantenerte alejada mientras habites en el *planeta de la soltería*. Te ahorrarás tiempo y malos ratos a largo plazo.

He aquí algunos de los peores.

EL CHICO MALO

Características: Encantador y divertido, aunque también puede ser cruel. Tan pronto eres la única mujer que le entiende… como al momento su gran prioridad son sus amigos y trabajo, y será mejor que retrocedas si quieres conservarlo.

Por qué te sentirás tentada: Cuando los chicos malos son buenos, son muy, muy, pero que muy buenos. Saben cómo derrochar amor y afecto con una mujer, haciendo que se sienta apreciada.

Por qué deberías huir: No durará. Hagas lo que hagas, no podrás cambiarle… no lo conseguirás. Los chicos malos se aburren enseguida.

Síntoma de peligro: Te deja plantada para salir con sus amigos.

EL NIÑO DE MAMÁ

Características: Dulce y amable, puede tener algo de barriguita por culpa de todas esas comidas caseras. Y lo que es aún peor... tal vez siga viviendo en casa de sus papás.

Por qué te sentirás tentada: Verá películas románticas contigo.

Por qué deberías huir: En realidad, ya se las ha visto todas con su madre.

Síntoma de peligro: Te dice que cree que a su madre le encantarás y trata de que la conozcas después de una sola cita.

EL MUSCULITOS

Características: Cachas, duro, siempre dispuesto para jugar un partido y vestido con chándal y zapatillas de deporte.

Por qué te sentirás tentada: Por esos fantásticos músculos.

Por qué deberías huir: Por todas las horas que pasa en el gimnasio trabajando esos músculos, por no mencionar las horas que pasa contemplándose en el espejo.

Síntoma de peligro: Está siempre viendo deportes en la televisión y ninguna de tus "tretas sexuales" conseguirá distraerlo.

DON ESTILOSO

Características: Bien vestido y seguro de sí mismo, conoce mejor que tú las últimas tendencias de la moda, lo cual es preocupante.

Por qué te sentirás tentada: Otras mujeres se detendrán a mirar y babearán celosas cuando os vean pasear del brazo.

Por qué deberías huir: Su vestuario hará que el tuyo resulte pobre y siempre estarás preocupada por estar a su altura.

EL RESULTÓN

Características: Ya sea atractivo al estilo tradicional o un diamante en bruto, hay algo en él que hace que te derritas. Y trata a las mujeres como al oro porque las adora... a todas.

Por qué te sentirás tentada: Sabe cómo piropearte, cortejarte y emocionarte una y otra vez.

Por qué deberías huir: Emplea la misma rutina con todas las mujeres que conoce.

Síntoma de peligro: Se olvida de tu nombre cuando estáis en la cama.

EL ADICTO AL TRABAJO

Características: Ejecutivo de alto copete, es listo, ambicioso, va impecablemente vestido y es completamente inaccesible.

Por qué te sentirás tentada: Es pulcro, encantador y exitoso.

Por qué deberías huir: Vuelve a leer la parte de "completamente inaccesible" y reflexiona.

Síntoma de peligro: Tiene que comprobar su agenda antes de quedar contigo... incluso cuando lleváis 6 meses saliendo juntos.

EL SUPERATENTO

Características: Dulce, romántico... pero no demasiado atractivo. Le encantan las excursiones y cree que tú eres lo más importante que le ha ocurrido en la vida.

Por qué te sentirás tentada: Es el tipo sensible del que todos dicen que necesita una oportunidad. Haría cualquier cosa por ti.

Por qué deberías huir: Haría cualquier cosa por ti DE VERDAD... lo cual resulta aterrador.

Síntoma de peligro: Dice que quiere pasar más tiempo contigo... después de 3 citas.

Lista de control del aspirante

NO vuelvas a verle si. . .

1   **Estás buscando una relación seria** y él dice que no quiere sentar la cabeza jamás.

2   **Tiene problemas financieros.** Simplifica las cosas saliendo sólo con hombres económicamente estables.

3   **No logra conservar un trabajo.** Quieres alguien responsable con quien puedas contar en la vida.

4   **Da muestras de mal humor.**

5   **No puede apartar los ojos de las personas del otro sexo.** Tú deseas ser la única en la vida de tu hombre.

6   **Habla con amargura** del amor o la vida en general.

7   **Su mundo, valores y creencias religiosas son totalmente opuestas a los tuyos.** Puede ser emocionante al principio… pero es poco probable que funcione a largo plazo.

8   **Siempre desea ser el protagonista de todo.** Podría ser divertido al principio, pero no deseas vivir a la sombra de nadie.

¿Ha llegado el momento de romper?

Mantenerse a flote en una relación mediocre puede ser tan insano como permanecer en una descaradamente mala. Haz el siguiente test para **averiguar en qué estado se encuentra tu relación...** y si merece la pena salvarla.

1 ¿Con qué frecuencia riñes con tu hombre?

a) Casi todos los días.

b) Con bastante frecuencia.

c) De vez en cuando.

d) Casi nunca.

2 ¿Qué afirmación describe mejor cómo retomáis la normalidad después de una discusión?

a) Acabamos riéndonos y luego nos olvidamos del asunto.

b) Nos sentamos y nos tiramos los trastos a la cabeza, pero luego nos olvidamos enseguida.

c) Nos vamos a la cama enfadados, pero uno de nosotros pide perdón por la mañana y volvemos a estar bien.

d) Pueden pasar días hasta que volvemos a hablarnos de nuevo.

3 ¿Qué es lo que causa la mayoría de las riñas en tu relación?

a) El sexo.

b) No pasar suficiente tiempo juntos.

c) El dinero.

d) Tener distintos puntos de vista respecto a la vida.

4 ¿Cuál de las siguientes cosas provoca más estrés en tu vida?

a) La relación con tu pareja.

b) El trabajo.

c) No suelo estresarme.

d) Intentar ocuparme de todo.

5 **¿Tu pareja hace que te sientas segura de ti misma, y también a nivel emocional?**

a) Siempre.
b) Normalmente.
c) Raras veces.
d) Nunca.

6 **¿Confías en que tu pareja te sea fiel?**

a) Sí. Nunca me traicionaría.
b) Todos somos humanos, pero no creo que él me fuera infiel.
c) No cuando las cosas van mal entre nosotros.
d) No, sospecho que ha tenido aventuras o, al menos, se lo ha planteado seriamente.

7 **¿Cuál es tu primera reacción ante la idea de romper con tu pareja?**

a) Hay momentos en que me planteo romper, pero siempre acabo a su lado.
b) Me sentiría desolada, pero tendría que reponerme y salir adelante.
c) Me sentiría aliviada en muchos aspectos.
d) No puedo imaginarme mi vida sin él.

8 **¿Cómo describirías tu vida sexual?**

a) Bastante buena en general.
b) Bastante aburrida últimamente.
c) Fantástica.
d) Inexistente.

9 **Si te sientes estresada después de un día difícil en el trabajo, ¿te sientes mejor viendo y hablando con tu pareja?**

a) A veces, pero me ayuda más hablar con una amiga íntima.
b) Para empezar, yo podría estar de mal humor, pero él suele hacer algo dulce que me anima.
c) Siempre. Pensar en él es lo que me ayuda a llegar al final del día.
d) No, normalmente acabamos riñendo y me siento peor.

10 **En tu opinión, ¿cómo de feliz es tu relación?**

a) Mucho.
b) Bastante casi siempre.
c) No mucho últimamente.
d) Es feliz -más o menos el 50% del tiempo-.

CONOCE LA SALUD DE TU RELACIÓN

Asigna las formas correspondientes a tus respuestas y suma el total. Si tienes el mismo número de dos formas, probablemente seas una mezcla. Después, lee los resúmenes que te correspondan.

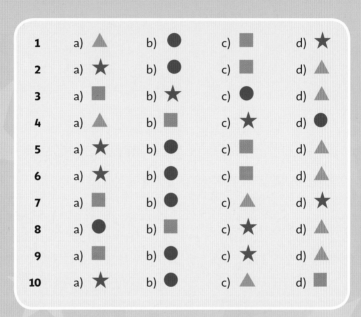

EL DIAGNÓSTICO:

★ *Casi todo estrellas*
¿DEMASIADO SANO POR TU BIEN?

Las parejas que nunca discuten o expresan distintos puntos de vista pueden estar preparando su propia caída. Mucha gente asocia un número reducido de riñas con la "relación perfecta", pero eso no es necesariamente cierto. **Una de las formas de crecer en las relaciones es aprendiendo a reconciliar las diferencias.** Si siempre estás de acuerdo con tu pareja y adaptándote a lo que quiere por perseguir una vida tranquila, existe el peligro de que aumente la frustración y el resentimiento, lo cual es malo para tu relación.

QUÉ PUEDES HACER:

No tengas miedo de mostrarte tal y como eres. **Ser absorbida por el amor es fantástico, pero también te absorbe a ti misma.** Lo difícil llega cuando haces cambios en tus relaciones con los demás, o cuando realizas sacrificios. Procura que cualquier cambio que hagáis sea positivo y os beneficie a ambos.

Casi todo círculos
UN **CERTIFICADO DE SALUD** LIMPIO

Un reciente estudio realizado en EE UU reveló que **¡las parejas que practican sexo un mínimo de 3 veces por semana se sienten y parecen 10 años más jóvenes!** Mantener una relación estable también supone que tienes un lugar seguro donde ir, al margen de los problemas que te plantee el mundo. Ese apoyo mutuo potenciará vuestra confianza y bienestar.

QUÉ PUEDES HACER:

Continuad así, pero, ¡cuidado! Si no lleváis demasiado tiempo juntos, tal vez todavía estéis experimentando el "subidón" del enamoramiento. **El encaprichamiento hace que el cerebro libere las sustancias químicas del bienestar llamadas feniletilaminas, que hacen que todo parezca de color rosa.** Pero el cuerpo no puede producirlas de manera continua durante más de 2 años, después de los cuales se asienta la normalidad y hay que esforzarse más por mantener viva la llama.

Intentad organizar cenas sorpresa o enviaros mensajes eróticos secretos. Cualquier cosa que os aleje de la rutina y recuerde a tu pareja que todavía ha de esforzarse.

Casi todo cuadrados

UNA SITUACIÓN DELICADA

Un reciente estudio de la Brigham Young University (en EE UU), reveló que las **relaciones normales, pero no geniales, pueden ser peores que las malas.** Estar en un constante estado de incertidumbre sobre si continuar o no una relación puede provocar sentimientos de ansiedad, inseguridad, e incluso elevar la presión sanguínea. También puede crear sentimientos de culpa si no consigues identificar por qué te sientes infeliz. Éste suele ser el momento en que las personas tienen, o se plantean tener, aventuras.

QUÉ PUEDES HACER:

No te centres en lo malo de la situación. Tómatelo como una oportunidad para hacer introspección y redescubrir todos los motivos que os unieron en un primer momento. **Trata de reavivar los sentimientos de intimidad.** Estar más abierta a las caricias -de un modo no sexual- puede obrar maravillas.

Y si los dos tenéis carreras exigentes, es importante reservar tiempo en común y no caer en una competición "Estoy más estresado que tú". A veces, trabajar más horas y aceptar más responsabilidades es una manera de evitar algo en casa, así que plantéate si éste es el caso. Si así fuera, **enfrentad el problema y tratad de organizar mejor vuestro tiempo.**

Casi todo triángulos

LLAMA AL EQUIPO DE EMERGENCIAS...

Discutir constantemente y sentirse infeliz en una relación tendrá **un gran impacto en los dos.** Todavía hoy, en el siglo XXI, las mujeres continúan adoptando el papel de "cuidadora" en una relación. Esto puede suponer hacer malabarismos para conciliar una carrera profesional exigente con todas las tareas domésticas y el cuidado de los niños, lo que inevitablemente producirá estrés, privación de sueño y depresión. También pueden surgir problemas si un miembro de la pareja de pronto tiene más éxito, lo que perturbará el delicado equilibrio de poder que existía cuando os conocisteis.

QUÉ PUEDES HACER:

Es hora de darte un respiro y **decidir si merece la pena salvar la relación.** Si has invertido mucho en la relación y hay niños de por medio asegúrate, antes de romper, que es imposible mejorar la situación hasta un estado aceptable para los dos (esto puede hacer necesario solicitar ayuda profesional).

Aun cuando no existan razones poderosas para seguir juntos, es buena idea **tratar de entender por qué NO ha funcionado la relación** para evitar volver a cometer los mismos errores.

Problemas en el paraíso:
cómo sobrevivir a la tormenta

Si observas que vuestra relación no funciona como siempre, hay varios pasos que puedes dar para enderezar las cosas. Lo primero es reconocer que tenéis un

problema y trata de identificar si se trata de uno a corto o largo plazo. La fricción o el rencor derivados de una riña anterior pueden durar días; otra alternativa, si **el abismo entre vosotros parece ensancharse** y repercute en las actividades y acontecimientos sociales que realizáis juntos, puede ser una charla íntima.

Cómo enfrentarse a los PROBLEMAS

Todos los matrimonios tienen crisis de vez en cuando. Los siguientes consejos pueden ayudar a salvar tu relación del desastre o, en el peor de los casos, a saber cuándo el problema es lo bastante serio para pedir ayuda al exterior.

SI ÉL SE VA

Dale tiempo para enfurruñarse y regresar a ti con cualquier queja o para expresar lo que piensa. Si quiere romper, de nada servirá suplicarle o pedirle que se quede. Mantén la dignidad. No puedes controlarle -sólo a ti misma- y la relación exige que dos personas estén de acuerdo en que funcione.

EVITA EL JUEGO DE LA CULPABILIDAD

Contempla las dos caras del problema e intenta ponerte en su lugar: los dos sois responsables del matrimonio y cualquier fallo es mutuo. Tal vez descubras que has estado demasiado ocupada con el trabajo o los niños para prestarle la atención suficiente, o que le has apartado de la toma de decisiones, en cuyo caso él podría sentirse marginado e inútil.

CUIDADO CON TUS CONFIDENTES

Lo que necesitas es comunicarte con él, no con su madre o su hermana. Dar demasiada información a amigos o familiares puede volverse contra ti y provocar más tensión.

ACTOS EN LUGAR DE PALABRAS

Cuando las cosas están tensas, los pequeños actos o detalles amables pueden hacerle sentir importante y amado de una manera mucho más eficaz que las palabras.

CONCÉNTRATE EN LAS COSAS QUE OS ACERQUEN

Recuperar tu matrimonio es una tarea difícil y compleja, pero comienza con metas relativas a lo que quieres mejorar. Emplees la estrategia que emplees para salvar tu matrimonio o superar el bache, procura que tu objetivo sea uniros más. Deberías evitar a toda costa cualquier táctica que tenga repercusiones negativas.

Cuando romper
es la única opción

Decidir divorciarse o romper con una pareja con la que hemos estado mucho tiempo es una gran decisión. Deberías tener claro que **NO eres mala persona sólo porque las cosas no hayan funcionado.**

Una vez iniciado el divorcio, las personas suelen experimentar una breve sensación de alivio, que suele verse reemplazada por ansiedad ante la perspectiva de todas las cosas que te quedan por hacer. **He aquí cómo hacerlo.**

Debes:
- Permitirte llorar.
- Buscar consejo legal.
- Cuidar de tu salud física y emocional, y buscar la ayuda de un consejero matrimonial si fuera necesario.
- Hablar con amigos y familiares.
- Organizarte y ocuparte de asuntos prácticos, como tu economía.
- Vivir los días de uno en uno, creyendo que las cosas cambiarán para mejor.

No debes:
- Exigirte demasiado.
- Caer en pequeños enfrentamientos por posesiones comunes.
- Iniciar apresuradamente una nueva relación para tratar de sentirte mejor.
- Aferrarte al sentimiento de enfado porque eso te impedirá salir adelante.

Plan maestro para salir adelante

FASE UNO

1 No le veas

Si él tiene que ir a tu casa, procura que haya alguien más contigo. Prohíbele que se pase a verte por sorpresa y pídele que se lleve el resto de sus cosas lo antes posible.

2 No te pongas en contacto con él

Olvídate de los e-mails del tipo "¿Qué tal te va?" y de las llamadas estilo "Acabo de encontrar una camisa tuya". Olvídate de las excusas para contactar con él... sólo servirán para darte esperanzas. Si es él quien te llama, pídele que no lo haga. Lógicamente, esto no será posible si tienes niños, pero limita tu comunicación a acuerdos e información sobre los niños.

3 Habla menos sobre él

Repasar con los amigos cada detalle de lo ocurrido puede resultar reconfortante al principio, pero no varias semanas después. Así pues, sé muy selectiva con lo que dices y la gente a quien se lo dices, y empieza a hablar de otras cosas.

4 Deja de castigarte

De acuerdo, no eras perfecta... ni él. Los dos hicisteis lo posible para que funcionara y no lo conseguisteis. Aprended de la experiencia y olvídate de culparle a él o a ti (culpar a otro sólo te hace daño y te impide recuperarte).

5 Recuérdate a ti misma que lo has superado

Piensa en un día dentro de unas semanas en que, en lugar de sentirte fatal, te despiertas y todo ha quedado atrás. El sol brillará, los hombres atractivos te sonreirán en cada esquina y de nuevo te apetecerá salir y vivir.

¿Por qué esperar? Haz que ese día llegue más deprisa. Siente la emoción de saber que lo lograste: sobreviviste y la vida te sonríe de nuevo... Y aférrate a ese sentimiento.

FASE DOS

1 · *Entérate: ¡Eres fabulosa!*

Una de las cosas más difíciles tras una ruptura es que tu autoestima se tambalea y tienes que reconstruirla paso a paso. Sentirte atractiva es esencial, y cualquiera puede hacerlo. Recuérdate que eres una mujer sexy, carismática, brillante y deseable, y escucha a amigos que también piensen lo mismo. Mímate, aunque no te apetezca y creas que no va a servir de mucho... Antes de que te des cuenta, te sentirás de nuevo como una gatita en celo.

2 · *Conviértete en una nueva mujer*

Ahora es realmente importante que conozcas a mucha gente -hombres y mujeres- y charles, sonrías, coquetees, te intereses y te rías. La vida en pareja con frecuencia limita el contacto con otros: ha llegado el momento de ser sociable.

¿No sabes cómo conocer gente? Ésta es una excusa para ocultarse. Si quieres conocer gente, lo harás. Haz una lista, ahora mismo, de todas las formas posibles de hacerlo. Apúntate a algo que siempre hayas querido aprender, haz algo físicamente exigente u organiza una reunión de amigos.

3 · *No te aceleres con las citas*

Por muy tentador que parezca, procura no iniciar una nueva relación apresuradamente. Lo cierto es que lo que empieza deprisa... también acaba deprisa. Ve despacio: si te gusta alguien, genial, pero espera un tiempo y recuerda que tú estás al mando y no tienes prisa.

De nuevo en activo:

10 maneras de EVITAR los desastres

Existe la vida (amorosa) después del divorcio. He aquí cómo dejar de ser **una divorciada vapuleada** y convertirte en **una ligona divertida.**

1 ¡Espera a que los papeles del divorcio estén resueltos!
Mantener encuentros románticos durante las últimas fases de una separación puede tener efectos desastrosos en el divorcio... y en tus emociones. No sólo te ahorrarás dar explicaciones ante el juez, sino que también acelerará el proceso y te liberará antes.

2 Quítatelo de la cabeza.
Ahora que ya eres oficialmente una mujer divorciada, soltera y preparada para salir, debes poner cierre al capítulo anterior. Si todavía hablas de tu ex con frecuencia, deja de hacerlo. Si en tu casa hay cosas suyas, envíaselas por correo. Es imposible avanzar y aferrarte al pasado al mismo tiempo.

3 Transforma tu dormitorio en un tocador.
Esto supone tirar -o, por lo menos, guardar- todos los recuerdos y regalos de tu ex, además de cualquier fotografía de esa época. Compra un juego nuevo de sábanas seductoras y da un aire nuevo a las paredes.

4 No dejes que la amargura te aleje de los hombres agradables.
Resiste la tentación de buscar a alguien que sea el extremo opuesto de tu ex. Recuerda, hay muchas cosas de él que te atrajeron y sedujeron en un primer momento.

5 Haz una lista amorosa.
Anota lo que buscas en una pareja. Te ayudará a ver claro qué quieres exactamente... y tal vez haya cosas que te sorprendan.

6 Diviértete.
Si tu matrimonio fue largo, quizá te resulte tentador iniciar algo serio de inmediato. Pero antes de hacerlo, pregúntate: ¿Es simplemente porque quieres sentirte segura otra vez? Salir con muchos tipos de hombre es una buena forma de averiguar cuáles son tus opciones... y de ver que SÍ HAY opciones.

7 No seas agobiante.
Procura no caer en un comportamiento prematuro "de pareja" ni le llames con demasiada frecuencia después de dos citas sólo porque es a lo que estás acostumbrada. No estropees algo bueno agobiándole antes de haberos conocido.

8 Experimenta.
Tómate las citas con una actitud abierta. No te obsesiones con encontrar al *hombre perfecto*. ¡Conocer al *hombre del momento* puede ser igualmente bueno!

9 Sé sincera contigo misma.
A la segunda o tercera cita sabrás si estás vagamente interesada en un tipo. Si no te emociona la idea de verle de nuevo, sé valiente y di "no".

10 Coquetea sin parar.
Es divertido, sexy y la forma más antigua de contacto y conexión humana. Se trata de encandilar a alguien y dejarte encandilar. Y lo mejor de todo, no tiene por qué implicar nada serio... a menos que tú quieras que lo sea.

Cómo jugar al juego de las citas

Salir con hombres **después de haber estado unos años fuera de juego puede ser un tanto aterrador**. Tal vez te parezca todo un mundo nuevo, con reglas y códigos ocultos que puedes romper casi sin saberlo.

Lo que debes recordar es que, aunque haya hombres que siempre prueban suerte, salir con alguien debería consistir en que **dos personas se reúnen para ver si son compatibles** y luego, si quieren, progresan para establecer una relación.

Estos consejos sobre el **protocolo de las citas** harán que todo salga bien.

- **Una cita siempre debería ser divertida** y es responsabilidad de los dos que así lo sea. Cuando salgas con alguien debes procurar hacer todo lo posible para que el encuentro sea agradable.
- **El contato visual es esencial** cuando estás con alguien, así que presta a tu pareja tanta atención como sea posible. Sentirá que es la única persona de la sala.
- **Siempre debes acudir a una cita** a menos que la hayas cancelado con suficiente antelación. Dar plantón no es un comportamiento adulto aceptable.
- **No es buena idea beber grandes cantidades en las citas.** Jamás. Bastará con 1 ó 2 copas para que la conversación fluya entre los dos.
- **Procura no ser demasiado dogmática** y evita las discusiones sobre política y religión en las primeras fases.
- **Aprende a escuchar** y no hables hasta quedarte sin saliva.
- **Nunca comentes cosas de tus ex-novios** ni desveles con cuántos te has acostado en la primera cita.

De nuevo en acción

Si quieres evitar el fracaso en tus citas, deberías evitar los *tops* con demasiado escote y las faldas demasiado cortas, además de beber demasiado y enseñar fotos de tus niños o tu anterior pareja. Mantener una actitud abierta y positiva, y hacer preguntas sobre la otra persona es un excelente comienzo.

Cómo superar tus malas costumbres ligonas

En lo referente a los hombres, ¿caes en la misma trampa una y otra vez... y al final **asustas a la persona adecuada o acabas con la equivocada?** Si es así, es hora de romper con tus malas costumbres a la hora de ligar de una vez por todas.

SEXO EN LA PRIMERA CITA

Después de una primera cita con sexo... ya nada será igual. Incluso si os volvéis a ver, nunca os llegaréis a conocer ya que os habéis saltado muchos pasos. Así pues, si te gusta y ves futuro, no lo hagas. Si él resulta ser tu alma gemela, **tienes el resto de tu vida para acostarte con él,** así que no hay motivos para tener prisa..

SIEMPRE TE ATRAE EL MISMO TIPO DE HOMBRE

El problema de esto es que si ése fuera el tipo de persona adecuado para ti... seguirías con él. **Las buenas parejas son aquellas que encajan bien en lo relativo a personalidad, perspectivas en la vida y similitud de actitudes.** Si siempre te atrae el mismo tipo, lo más probable es que raras veces tengas ninguna de estas cosas en común. Pregunta a tus amigas si creen que siempre te atrae el mismo tipo de hombre, o si adoptas un papel en tu relación que te mantiene en segundo plano. Así te harás una idea de las trampas en las que caes y podrás buscar la forma de evitarlas.

TODO TU SER

GRITA "¡¡DESESPERADA!!"

Es sabido que los hombres pueden oler a una mujer desesperada por encontrar pareja estable a un kilómetro de distancia. Y **cuando captan ese aroma, correrán lo más rápido posible** en la dirección contraria. Esforzarte por encontrar nuevas aficiones y amigos evitará que acabes con el único hombre al que no conseguiste espantar. Pregúntate: **"Si tuviera tiempo y posibilidades, ¿lo elegiría?".** Si la respuesta es no, déjalo ahora mismo.

ESPERAR ENCONTRAR AL HOMBRE PERFECTO EN UN BAR

Cuanto más envejecemos, más se reduce el espectro de hombres disponibles, así que tendrás que moverte para encontrarlos. Eso no significa que debas ir a tantos bares como puedas: **los hombres raras veces buscan el amor allí.** Tienes que cambiar de rutina: compra el café en una tienda distinta, apúntate a alguna clase o coge otro autobús para ir a trabajar.

Claro está, una cosa es ver gente y otra muy distinta hablar con ellos. Prueba a llevar un libro que refleje aspectos de tu personalidad con la esperanza de que lo vea un hombre con una mente afín; si sale mal, podrás hacer algo para que no parezca que estás completamente perdida. **Si ves a alguien que te gusta de verdad, hazte la encontradiza e inicia una conversación:** no tienes nada que perder.

SIENTES LA NECESIDAD DE HABLAR DE TU EX

A todas nos han roto el corazón alguna vez en el pasado, pero **seguramente a tu ligue de esta noche no le apetece que se lo cuentes** con todo detalle.

El peligro de no olvidar a tu ex es que te creas un recuerdo de él tan ideal que nadie está nunca a su altura. ¡Dedica un momento a **recordar todos sus defectos y no mires atrás!**

Amor a la segunda oportunidad

Después de una ruptura te puede parecer que ya nunca vas a volver a encontrar el amor. Pero cuando esto ocurre... ¡es genial! Ya queráis casaros o simplemente ir a vivir juntos, **hay ciertas cosas que podéis hacer para aseguraros que, esta vez, la relación sí durará para siempre.**

APRENDE
DEL PASADO

Procura aprender las lecciones surgidas de tu vieja relación. Piensa en cómo os conocisteis, cómo elegisteis estar juntos, cómo nació vuestro amor y cómo solucionasteis los problemas. **Plantéate qué salió mal y por qué.** Cuando lo sepas, estarás mejor preparada para hacer que funcione una segunda relación.

CONOCE A
TU NUEVO AMOR

Es especialmente importante **conocer de verdad a la persona con la que te estás comprometiendo en una segunda relación** debido a lo que ambos aportáis a la situación: más edad, más experiencia, más historia y más problemas en potencia.

Averigua cómo se siente él y lo que espera de la vida. No sólo debes aprender de tus relaciones pasadas y de lo que salió mal, sino también de tu vida anterior y de cómo ésta te ha convertido en la persona que eres.

Guía de PROBLEMAS para segundas nupcias

Algunos problemas se repiten una y otra vez. **Éstos son algunos de los problemas más comunes** y cómo puedes enfrentarte a ellos.

1 **Compartir el espacio**

Cuanto mayor eres, más difícil te resulta entrar en la vida de alguien o que entren en la tuya. Tienes que estar dispuesta a adaptarte. Procura que cada uno tenga su "espacio privado": si es posible, tu propia habitación, donde puedes tener tus cosas.

Haced cosas juntos, pero reservad también tiempo para que cada uno tenga la oportunidad de hacer cosas con independencia del otro.

2 **El "factor ex"**

Puede ser complicado si un ex todavía forma parte de la vida de tu pareja. El secreto es recordar que os habéis separado de vuestras respectivas parejas por muy buenas razones… y ahora habéis elegido estar juntos. Por muy difícil que resulte, el ex ya es historia. Deja a un lado los celos y concéntrate en desarrollar un "frente unido". Comenta con tu pareja cómo vais a enfrentaros a vuestras ex-parejas.

3 Mamá al instante

Los matrimonios de segundas nupcias traen una familia "con el *pack*", lo cual puede plantear problemas. El secreto para evitarlos es el mismo que sustenta todas las relaciones estables: la comunicación. Hablad sobre cómo vais a educar a los niños (disciplina, tiempo y atención).

4 Repetir el pasado

Si te descubres cayendo en las mismas riñas y situaciones incómodas que tenías con tu ex, no te asustes. No es nada sorprendente: sigues siendo la misma persona y caerás en los mismos patrones de comportamiento. Pero lo que debes recordar en todas las relaciones es que es posible cambiar... si de verdad quieres.

5 Espera lo inesperado

Estate preparada para que las cosas no vayan como habías imaginado. Ten presente que hay muchas maneras de tener éxito en una tarea… y que tu nueva pareja conlleva nuevas expectativas y desafíos. Mantén las líneas de comunicación siempre abiertas.

6 Horarios y normas domésticas

Las familias mixtas tienen vidas y horarios complicados. Procura llevarte bien con la ex para que todo el mundo tenga claro qué ocurre y cuándo ocurre. Marca las normas en tu propio hogar, pero no trates de hacer lo mismo en casa ajena. Puedes intentar hacerlo por su bien… pero no te engañes.

7 El mini-monstruo

No dudes en establecer una relación con los hijos de tu ex, pero no esperes nada a cambio. El vínculo natural de los niños es con sus padres naturales y su instinto de supervivencia tratará de protegerlo, lo que hará surgir los celos. Anima a tu nueva pareja a pasar más tiempo con sus hijos.

8 Aclara los asuntos económicos antes de casarte

Como vuestros arreglos financieros seguro que son complicados -con pensiones alimenticias y niños- lo mejor es estar al día de la situación antes de dar el gran paso. Esto incluye liquidez e inversiones, además de los planes para vuestro testamento.

9 Cómo enfrentarse a una pérdida

Los traumas emocionales en los niños y en tu pareja serán algo natural: perder una esposa y madre no es algo fácil de superar, y lo normal es idealizar a la persona ausente. Presta tu apoyo, pero cuida tu propio sentimiento de resentimiento. Acude a un terapeuta si crees que eso podría generarte problemas.

10 Problemas con los hermanastros

Las relaciones llevan su tiempo. No esperes que los hermanastros se lleven bien al instante y no dejes que te asuste el disgusto inicial... suele desaparecer con el tiempo. Todo hermano que esté de visita debería disponer de su propio espacio en la casa. Evita dar trato de favor a tus hijos, pero tampoco compenses en exceso a sus hijos: trata a todos con respeto e igualdad.

CAPÍTULO 2

Moda para la mujer fabulosa

Tu estilista definitivo

Justo cuando creías tener resuelto tu estilo… **llega la nueva temporada y te pilla desprevenida**. Podría significar el regreso de la minifalda, un color vivo que de pronto predomina después de años de neutros, o una obsesión por los volantes.

Las adictas a la moda deberían tomar nota, pues **las mujeres con estilo comprenden una cosa: cuándo decir "no".** Estar al tanto de lo que se lleva y ser consciente de lo que nos sienta mejor -de acuerdo a nuestro cuerpo y a nuestro estilo de vida- es la clave del éxito en la moda.

Lo que resulta aburrido en una mujer puede quedarle genial a otra; la mujer inteligente es aquella capaz de transformar esa ganga de mercadillo en un conjunto sorprendente y único, que parece diseñado especialmente para ella. Ser estilosa no consiste en comprar un montón de ropa y accesorios, y "echárselos" encima: **ser estilosa consiste en saber qué prenda elegir del catálogo de la última temporada y dejar el resto.**

Aquí tienes **5 maneras** de adaptar tu personalidad a las modas más difíciles sin que parezcas una *víctima de la moda*.

1 Colores vivos

Puede ser como salir a la luz después de años vistiendo de negro, pero un color vivo también puede darte un aire de payaso. Absorbe el color poco a poco, hasta que te sientas segura con ellos. Comienza con un fular o una sencilla prenda de punto que anime los colores neutros. Poco a poco, a medida que vayas conociendo los colores que te favorezcan, harás avances más atrevidos.

2 Tacones

Unos buenos zapatos son vitales, pues tienen el poder de realzar o destrozar un conjunto. Pero merece la pena recordar que no todos los estilos te van bien...

Los tacones anchos se ponen de moda con frecuencia y son más cómodos que los de aguja, pero hacen que las piernas parezcan más gruesas. Cuidado con las trabillas en los tobillos: acortan y engordan hasta la pierna más delgada.

El calzado más favorecedor son unos zapatos de tacón sexys: te harán las piernas más largas y delgadas... y te darán mucha confianza. Procura que no superen los 3 cm para no tropezar.

3 Estampados

Un estampado es una excelente forma de disimular fallos en la figura porque desvía la vista hacia el conjunto. Deberías elegir estampados pequeños si quieres parecer más delgada o si no tienes mucha estatura. Los estampados grandes sólo les quedan bien a las mujeres altas y delgadas.

4 Volantes

Demasiados volantes pueden resultar infantiles en mujeres adultas. Además, las personas rellenitas deberían evitar las prendas con volantes. Pero una blusa bonita con un volantito en el cuello o en los puños suaviza el más formal de los trajes y aporta *glamour* a los pantalones. Los volantes también son geniales si quieres dar curvas a tu figura.

5 Minifaldas

La triste realidad es que, aunque tengas las piernas más perfectas del mundo, no te pondrás faldas demasiado cortas una vez cumplidos los 25. ¡Sé sincera contigo misma! Si sigues decidida a llevarla, opta por un largo justo por encima de las rodillas.

Di "adiós" a las METEDURAS DE PATA:
la moda ya no tiene secretos

Incluso las mujeres más estilosas cometen errores de vez en cuando. He aquí una lista de los peores… y algunos consejos para evitarlos.

LA ROPA TE QUEDA DEMASIADO JUSTA

Todas nos hemos apretado en una talla más pequeña de la que necesitamos; el decir "Quepo en una pequeña" hace que nos sintamos delgadas, cuando una mediana nos hubiera venido mejor. Sin embargo, **no hay nada que te haga parecer más gorda que las prendas demasiado justas.** Usa siempre TU talla.

LA ROPA TE QUEDA DEMASIADO SUELTA

Otro error es llevar ropa muy suelta para intentar esconder el exceso de peso. Entérate: esto simplemente añade más kilos. **Destaca tus puntos positivos y muestra tus curvas.** Los *tops* ajustados con pantalones resultan más atractivos que los vestidos estilo "tienda de campaña".

MEZCLAS DEMASIADOS ESTILOS

No cometas el error de cumplir con todas las modas del momento en un solo conjunto… **Parecerá que te estás esforzando por ser estilosa.**

NO HAS PLANCHADO LA ROPA

¿Qué sentido tiene el pasarte horas eligiendo el conjunto perfecto para no plancharlo en condiciones antes de salir? **Ninguna prenda** -por muy cara que sea- **queda bien arrugada** así que, ten siempre a mano una buena plancha de vapor. Si no te gusta planchar, **compra prendas de tejidos que no se arruguen demasiado.** Si estás de vacaciones y no tienes plancha, cuelga la ropa en el cuarto de baño: el vapor eliminará las arrugas.

LOS ACCESORIOS NO ADECUADOS

Completa tu conjunto con accesorios que combinen con tu estilo. Elige el collar con el largo idóneo para el escote de tu *top* o vestido. **Las cadenas cortas y las gargantillas hacen que el cuello parezca más grande** (y nunca lleves collares por encima de los jerseys).

Trucos para ocultar tus "defectillos" físicos

Prueba estos **trucos fáciles** para resolver los 4 dilemas corporales más frecuentes:

Forma de PERA

¿Tus caderas te han hecho llorar durante años?

Así es como puedes reducirlas:

Faldas: Las faldas con vuelo por debajo de las rodillas disimulan las caderas anchas. Evita los cortes rectos y opta por estilos con forma de "A" y con detalles en el dobladillo.

Pantalones: Evita los pantalones estilo pirata, pues te acortarán la pierna.

Vestidos: Los vestidos con cintura marcada y falda con vuelo pueden ocultar una multitud de pecados. Prueba los modelos sin tirantes para desviar la vista hacia arriba, lejos de la parte inferior.

Chaquetas: Opta por estilos largos que te camuflen la cadera.

Tops: Elige estilos sin espalda o con cuello barco, que hacen los hombros más anchos y así equilibran la anchura inferior.

BARRIGA o CARTUCHERAS

Sigue estos sencillos consejos para reducir la cintura:

Vestidos: Busca modelos fruncidos que te recojan en el centro, y cuellos a pico que desvíen la vista hacia arriba.

Tops: Procura que no sean demasiado largos para evitar que se peguen a los "michelines". Los *tops* de seda con varias capas dan sensación de delgadez.

Chaquetas: Elige cortes entallados para así lograr una cintura más fina.

Pantalones: Opta por trajes pantalón de "pata ancha": cuantas más líneas y costuras, más se desviará la atención de los "michelines".

Faldas: Elige faldas con vuelo en lugar de rectas, ya que serán más *agradecidas* con tu vientre.

Demasiado BAJA

La única manera de "añadirte" centímetros es con tacones altos...

Prueba alguno de estos trucos:

Pantalones: Los pantalones largos de pata ancha alargan las piernas. Las rayas finas también son excelentes para parecer más alta.

Faldas: Las faldas cortas siempre aportan altura. No tienen que ser minis, también funcionarán los largos por encima de la rodilla. Mantente alejada a toda costa de las faldas largas.

Chaquetas: Procura que sean cortas y de cortes suaves. Las chaquetas largas te harán parecer baja.

Vestidos: Elige vestidos de formas sencillas y clásicas. Evita detalles complicados como volantes y lazos, que te harán parecer más baja.

Tops: Busca *tops* que acaben sobre las caderas -si son más largos, ahogarán tu estructura corporal-.

Demasiado MASCULINA

No te preocupes si tus curvas nunca llegaron a materializarse...

puedes hacer trampa y añadir curvas en los lugares deseados:

Chaquetas: Prueba con un corte no demasiado *ortopédico*. Las chaquetas entalladas acentúan el busto y la cintura.

Faldas: Combina una falda que tenga algo de vuelo con un top largo y un cinturón estrecho para crear la *sensación* de cintura.

Tops: Los *tops* estilo corsé son muy sexys, igual que los cuellos a pico y los escotes redondeados.

Vestidos: Elige vestidos con cintura marcada para marcar curvas al instante.

Pantalones: Manténte alejada de los pantalones de pata ancha, que no harán sino enfatizar la falta de curvas. Aprovecha la delgadez de tus muslos para lucirte con formas ajustadas y rectas.

Qué ponerse en cada ocasión

Saber lo que ponerse en cada ocasión es la clave del estilo. Para hacerlo con acierto, debes **lograr que tu vestuario funcione.** Debería ser flexible y tener prendas para cada ocasión.

Vestir bien puede ayudarte a progresar profesionalmente, mientras que la ropa inapropiada puede suponer perderse un ascenso. La ropa puede atraer a los hombres, potenciar tu confianza y, lo que es más importane, **enviar un mensaje al mundo exterior sobre qué tipo de mujer eres.**

Sin embargo, en ocasiones el estrés y la tensión intentando **tratar de conciliar el trabajo y la familia hacen que la moda quede de lado** y, antes de que te des cuenta, te encuentras dejando atrás tu aspecto y cuidados en tu lista de prioridades. Pero sentirte atractiva es vital para tu autoestima... y no debería catalogarse como superficial o como una pérdida de tiempo.

Da un repasito rápido a tu vestuario cada pocos meses para comprobar que **dispones de ropa para cualquier ocasión.** Pregúntate lo que deberías llevar si te invitaran a . . . una boda este fin de semana. . . una fiesta esta noche. . . una entrevista de trabajo la próxima semana. . . o una cita mañana por la noche.

Ahora, **abre tu armario y comprueba que tienes un conjunto seguro** para cada una de estas situaciones. Si no es así, deberías invertir en todo aquello que te falta. Haz esto con regularidad y así siempre tendrás algo que ponerte en cualquier ocasión.

Identifica tu estilo e intenta adaptarlo a cada ocasión. Por ejemplo, si te gusta vestir con tejanos y botas, añade un *top* sorprendente para una fiesta nocturna, ponte una chaqueta entallada para trabajar, elige *tops* sin espalda y sandalias para una fiesta veraniega, o combínalos con deportivas y una camiseta clásica para un fin de semana informal.

Ponte accesorios: cualquier conjunto puede verse realzado con cinturones, broches, bolsos, fulares o joyas interesantes. **Elige dos accesorios coordinados** y procura mantener el equilibrio: las formas y colores atrevidos pueden aceptar joyas grandes, pero los cuellos elaborados requieren algo más sencillo.

No te olvides de lo que vas a llevar encima. El efecto general de un conjunto sorprendente puede arruinarse si te pones la prenda exterior equivocada (por eso gustan tanto las *pashminas*: van con todo, desde tejanos hasta prendas formales). Comprueba que tanto el largo como el peso de la tela, además del estilo y el color, sean compatibles con tu conjunto.

Acaba con las PRISAS MAÑANERAS

Todas hemos pasado por ello: **levantarse tarde un lunes por la mañana** cuando tenemos una reunión o una cita para desayunar en la que queríamos lucirnos. De pronto, salimos corriendo de la cama y corremos hacia el armario..

¿Qué demonios me pongo?

No te preocupes. Las siguientes prendas básicas te asegurarán que lanzas el mensaje de que eres organizada, atractiva y estás al mando... además de **resolver tu aspecto en un santiamén.**

UNA **CHAQUETA**
ENTALLADA

Ten siempre una buena chaqueta entallada o tipo sastre en tu armario. Si te queda bien, puedes **ponértela con cualquier cosa,** y te dará un aspecto profesional instantáneo.

Cuando salgas a comprar una, fíjate bien en que las costuras de los hombros encajen bien sobre los hombros, no por debajo, lo cual quedaría horrible...

EL *TOP* "PERFECTO"

Las camisetas y camisas ajustadas en diversos colores son **la base de un armario versátil.** Para que sienten bien, elige telas que se ajusten un poco, pero no demasiado, o "marcarán carnes". Una camisa entallada clásica será estupenda para trabajar, y también podrás usarla con tejanos los fines de semana.

UN JERSEY
ELEGANTE

Invierte en un buen jersey de lana, **mejor si es de cachemira, vale lo que cuesta.** Por un lado, durará más que un jersey normal y, además, perderá menos el color, se dará menos de sí y no necesita plancha. Cuando hace más calor, las mezclas de algodón y cachemira son perfectas. En los días más fríos, lo mejor será una mezcla de lana y cachemira.

UN VESTIDO
CAMISERO

Todas deberíamos tener por lo menos un vestido de estos… no hay nada más sencillo. Este clásico vestido, abotonado por delante, es una opción impecable porque **es femenino** y queda bien en todas partes, desde la sala de reuniones hasta el colegio del niño. Te lo pones y ya estás arreglada.

BOLSO Y ZAPATOS
A JUEGO

No tienen que hacer conjunto -de hecho, esto puede estar algo pasado- pero **deben ir en consonancia.** Si llevas zapatos de tacón negro, por ejemplo, elige un bolso que tenga algo negro.

PANTALONES
TIPO SASTRE

Un par de pantalones negros o grises con bolsillos delanteros son algo atemporal… **Piensa en Katharine Hepburn.** Llévalos con una blusa fresca o un jersey de cachemira para así lograr un aire elegante.

Garantías para evitar el estilo "ME HE PUESTO CUALQUIER COSA"

Si eliges mal la bisutería, te pasas con el maquillaje o te arriesgas a no planchar el *top* con las prisas de última hora, **no hay muchas cosas que puedas hacer para remediar la situación una vez hayas salido a la calle**. Así pues, a menos que hagas una parada en una *boutique* de camino a la oficina y te reinventes tu aspecto en el cuarto de baño de la empresa (desde luego, la peor manera de hacer una compra inteligente y casi nunca resuelve la situación... por mucho dinero que gastes en el intento), necesitas organizarte. He aquí unos cuantos consejos para organizarte y evitar esas situaciones de pánico a primera hora de la mañana.

★ Por muy cansada que estés, deja preparada la ropa la noche antes: así tus mañanas serán menos apresuradas.

★ Asegúrate de que tu traje o vestido favorito esté limpio, planchado y colgado en el armario. Así, siempre tendrás un conjunto a mano con el que te sentirás cómoda y sabrás que te queda bien.

★ No hagas experimentos cuando tengas prisa. El mejor momento para probar un nuevo estilo no es 5 minutos antes de salir de casa.

★ Planifica un vestuario de 5 días laborables: esto aliviará mucho el estrés de la semana. Si cambia el tiempo, procura contar con "opciones de emergencia" -como reemplazar la manga corta por una larga-.

★ Ocúpate de ti misma antes que del resto de la familia. Levantarte algo más temprano para ducharte y vestirte antes que los niños evitará que no te pongas algo inesperado en el último minuto.

★ Busca prendas de punto o algodón con mezcla de fibras sintéticas como poliéster, *rayón* o *spandex*; se arrugan menos y es posible que, en ocasiones, puedas ponértelas sin necesidad de plancharlas.

Los 10 PEORES CRÍMENES DE LA MODA que debes evitar

1. Faldas demasiado cortas que se convierten en indecentes al sentarte.
2. *Tops* que enseñan mucho canalillo.
3. *Tops* cortos que dejan el vientre al descubierto si tienes más de 20 años.
4. Faldas o pantalones de la/os que cuelgue el dobladillo.
5. Cualquier prenda una talla menor.
6. Deportivas o zapatos sucios.
7. Prendas sin planchar.
8. Prendas con manchas, restos de vómito infantil o pintura.
9. Tangas que asoman por encima del pantalón cuando te inclinas.
10. Sujetadores que sientan tan mal que crean el "efecto cuatro pechos".

Estilismo para ir al cole

Cuando los niños empiezan a ir a la guardería o al colegio, la manera de vestir de otras madres para llevar al cole a sus pequeños puede abrirte los ojos. Hoy en día, no sólo se espera de las madres que tengan la casa cuidada, los niños limpios y el marido feliz, sino también **que tengan un aspecto juvenil, estiloso y sexy.** De hecho, el camino al colegio en ocasiones puede parecerse a un concurso de belleza: ropa ideal, maquillaje inmaculado y cabello perfectamente peinado. He aquí cómo conseguir estar estupenda sin aparentar que te esfuerzas demasiado.

PRENDAS AMIGAS DE LOS NIÑOS

Te agachas, corres y te sientas en el suelo con la ropa puesta, así que piénsatelo bien antes de ponerte nada que restrinja tus movimientos o que se arrugue y manche con facilidad. **Ser práctica no significa que no puedas ser estilosa.** En invierno los pantalones de sastre tienen sus ventajas: no tendrás que preocuparte por las carreras en las medias, el frío en las piernas o intentar correr con una falda recta. En los meses más cálidos, un vestido vaporoso o una falda y un *top* te darán un aspecto limpio y fresco.

EL BOLSO ADECUADO

Los bolsitos diminutos son monísimos… pero inútiles para una madre. Hay muchos modelos que también vienen en tamaño grande. **Un bolso grande ayuda a organizar las cosas,** sobre todo cuando además tengas que pelearte con una pelota, una bolsa de deporte, la merienda y los deberes.

IGUALITOS

Por muy ideal que te parezca, **no lleves nunca tu ropa a juego con la de tus niños.** Llevar los mismos colores… resulta también igualmente cursi. Tu hijo o hija es pequeño, pero es un individuo que necesita expresar su propia personalidad.

Qué LLEVAR...

1. **No te compliques.** No quieres demostrar a los demás que te has esforzado.
2. **Elige camisetas de colores vivos** o camisas de algodón para un estilo moderno y fresco.
3. **Ponte unos tejanos** que te sienten bien, pues siempre están de moda.
4. **Un abrigo estiloso** en invierno puede ocultar un sinfín de pecados, así que invierte en un abrigo entallado de calidad cada temporada, pues aportará clase a cualquier conjunto. Y, lo mejor de todo... nadie sabrá si debajo llevas puesto el pijama.
5. **Cálzate unas deportivas blancas** o unas bailarinas para completar el estilo informal.

Qué NO LLEVAR...

1. **Una minifalda.** Déjala para las madres veinteañeras
2. **Tacones muy altos.** Una solemne tontería para correr a todo prisa con los niños por la mañana. Reserva tus *"manolos"* para las tardes de padres.
3. **Demasiado maquillaje.** Puede quedar bien en el espejo del dormitorio, pero a la cruel luz de la puerta del colegio... te hará parecer mayor.
4. **Cualquier cosa con brillos.** Las prendas de fiesta resultan excesivas por la mañana.
5. **Muchas joyas y marcas.** Recuerda que las personas con clase no tienen necesidad de demostrarlo, así que no vayas al colegio cargada de oros y diamantes... Así, no impresionarás a nadie.

APUESTAS DE LA MODA infantil

El comienzo del año escolar está lleno de actividades como la agitada compra de la ropa escolar. Aquí tienes algunos consejos para **superar las compras sin lágrimas, pataletas** o gritos del tipo "¡Yo no me pongo eso!".

Averigua el código de vestir del colegio. Aunque tu hijo/a no lleve uniforme, habrá otras restricciones -como joyas- y prendas recomendadas -como el chándal-. Estar al día con antelación te resultará de gran ayuda.

No repitas compra. Da un repaso al armario de tus hijos. Si ya tienen algo -o lo tiene un hermano mayor- que pueden usar, no compres otra prenda igual.

Intenta comprar por internet o por correo. Ahórrate los viajes a las tiendas y las interminables pruebas. Hay tiendas y catálogos en internet que incluyen tallas estándar, más unas cuantas tallas grandes. Muchas de tus tiendas favoritas están en la red.

Déjales ser creativos. La ropa escolar puede ser restrictiva, así que concede a tus hijos algunos lujos de *autoexpresión*, como accesorios para el pelo, pañuelos, el calzado o un simple corte de pelo… siempre que respeten las normas del colegio.

Vigila el cielo. Estáte preparada para cualquier eventualidad de lluvia, nieve y viento. Tener la prenda adecuada es básico para mantener la salud y seguridad de tu hijo/a.

Demuestra tu propio estilo. Como para todo, tú eres un modelo para tus hijos y, si estás orgullosa de tu aspecto, también lo estarán ellos. Procura mantener a raya las *neuras*: seguramente no querrás propiciar una hijo/a "víctima de la moda".

Cómo estar estupenda durante el embarazo

A algunas mujeres les encanta estar embarazadas y están deseando exhibir su barriga. Sin embargo, muchas pasan los 9 meses sintiéndose una "bolita". Pero no tiene por qué ser así... **Es posible tener un aspecto estupendo cuando estás en estado...** y, cuando tienes buen aspecto, es fácil sentirse fabulosa. Aquí tienes algunos trucos para conseguir un embarazo estiloso y cómodo

ELIGE PANTALONES DE CADERA

Olvídate de los pantalones de embarazada. Elige pantalones normales de algodón que **se apoyen sobre la cadera y eviten toda la zona de la barriga.** Tal vez descubras que sólo necesitas aumentar 1 ó 2 tallas.

LLEVA UN BUEN SUJETADOR

Es una prenda en la que debes invertir. Ve a la tienda de lencería más cercana y déjate aconsejar por una profesional: **te sentirás muchísimo más cómoda.** Sé consciente de que tu talla variará a medida que avanza tu embarazo.

VÍSTETE CON CAPAS

Seguramente te sientas como una "hormona andante" y, como además por tu cuerpo circula mucha más sangre de lo normal, **sentirás mucho calor.** Ten esto en cuenta a la hora de vestirte y, si te vas a poner un jersey grueso, ponte una camisa fina por debajo por si decides quitártelo.

LA COMODIDAD
ES LA CLAVE

Lo último que necesitas cuando estás embarazada es la incomodidad. **Opta por prendas suaves y flojas** que dejen que tu piel respire y sean fáciles de lavar y llevar. Para asegurarte, lee las instrucciones antes de comprar nada.

NO TENGAS
MIEDO A LA ROPA
DE EMBARAZADA

No te ofusques tratando de agrandar las cinturillas con imperdibles y botones. **Acepta el hecho de que la ropa de embarazada será inevitable.** Recuerda que cuanto más uses las prendas, mejor será tu inversión. Así pues, en cuanto ya no puedas abrocharte la cremallera de tu vaquero favorito, pásate a la comodidad de los vaqueros para embarazadas: nadie más notará la diferencia, pero tú sí la notarás.

COMPRA LA
TALLA CORRECTA

Cuando vayas de compras, procura elegir bien la talla. La ropa premamá está así diseñada. Después de todo, tus brazos y piernas no se alargan… y la estructura corporal básica de tu cuerpo se mantendrá igual. **Las prendas de embarazada te darán más espacio sólo donde lo necesitas** -barriga, pecho, caderas y sisa- al tiempo que conservan las proporciones pre-embarazo de tu talla habitual.

LO PLANO
ES CÓMODO

Sí, tus pies pueden hacerse más grandes cuando estás embarazada (sorprendentemente casi media talla). El peso añadido del bebé hará que no te sientas cómoda con tacones. Aunque el tacón alto esté bien para ocasiones especiales, **opta por un par de zapatos planos, cómodos y estilosos** para el día a día. ¡Tus pies te lo agradecerán!

COMPRA EN INTERNET

Puedes comprar colecciones por internet en diversos sitios de moda premamá. Así **podrás comprar lo que quieras al mejor precio** y ahorrarte el dolor de espalda y pies que te provocaría el deambular de tienda en tienda.

CONSERVA TU IDENTIDAD

Tu estilo anterior al embarazo debería continuar siendo tu estilo durante el embarazo; al fin y al cabo, sigues siendo la misma persona. **Nunca te pongas algo estando embarazada que no te pondrías si no lo estuvieras.**

MÍMATE

Acepta el hecho de que tu cuerpo está cambiando, y mímalo. Si **tienes buen aspecto, te sentirás bien...** así que, córtate el pelo y disfruta de una sesión de manicura o masaje.

---

3 FORMAS de ESTAR ESTUPENDA durante el embarazo

1 **No te compliques.** Opta por líneas limpias y sencillas y por los cortes clásicos. No te pongas estampados grandes que "agobien" tu nueva estructura.

2 **Exhibe tus curvas.** Atrévete a ponerte un escote más bajo, o una blusa que se ciña al cuerpo. Siéntete orgullosa: los días en los que las mujeres sentían que tenían que ocultar sus barrigas quedan lejos.

3 **Manténte resplandeciente.** Aplícate crema hidratante a diario y exfolia tu piel 1 ó 2 veces a la semana para así mantener la piel radiante y suave.

Moda posparto

Como nueva mamá, la presión por recuperar rápidamente tu silueta puede ser abrumadora. Todas esas madres famosas, capaces de *embutirse* en unos tejanos ajustados apenas unas semanas después de dar a luz… sólo aumentará este sentimiento. Pero **no te sientas fracasada si tus anteriores prendas parecen un poco más justas después de que nazca el bebé…** es perfectamente normal y sano. Sal de compras y adquiere un par de conjuntos "de transición" que te ayuden a aliviar la presión hasta que recuperes tu peso habitual.

Puedes tardar algún tiempo en perder esos últimos kilos ganados en el embarazo pero, mientras tanto, no hay motivos para no estar sexy… Sólo es cuestión de potenciar tus valores y disimular los defectillos. He aquí cómo hacerlo:

Elige vestidos sencillos de corte elegante con algún detalle en el cuello. Esto desviará la vista hacia arriba, lejos de la barriga.

Ponte trajes con una chaqueta larga que llegue hasta medio muslo y pantalones de pata ancha.

Evita las faldas cortas: justo por debajo de la rodilla o por la pantorrilla son más favorecedoras.

Opta por colores neutros (negro, gris o azul marino), que ocultarán un sinfín de pecados. Puedes añadir toques de color con jerseys, fulares o *pashminas*.

Moda coqueta: cómo estar sexy sin vestir como una estrella porno

Te sientes sexy y ligona, deseas vestirte para impresionar... pero no quieres que parezca que te estás esforzando mucho ni **tampoco quieres un atuendo que diga "estoy aquí para lo que tú quieras".**

Sexy sin parecer una golfilla: un equilibrio difícil de lograr. **¿Cómo incorporar accesorios sexys en tu rutina diaria** sin que parezca que tratas de ser una modelo *glamourosa*?

El truco consiste en **combinar sexy con cómodo y femenino.** Hazlo así...

DE FIESTA con las CHICAS

Salir una noche con tus amigas suele implicar vestirte para la ocasión, bailar y conocer a muchos hombres. Estas noches piden un estilo que te haga sentir sexy sin parecer que vas al concurso "¡Mira quién va más ligera de ropa!".
Elige prendas con clase y sutilmente sexys: estarás más seductora que si simplemente enseñas demasiada carne. Un bonito *top* con tejanos y tacones altos es ideal si piensas ir a un bar, o elige un vestido "breve" -pero no demasiado corto- si vas a una discoteca.

A TRABAJAR

Olvídate de los vaqueros viejos o de los trajes pasados de moda. Tener buen aspecto te ayudará a demostrar a las mujeres más jóvenes de la oficina que todavía puedes enseñarles una o dos cosillas sobre cómo ser sexy, estilosa y segura. Además, demostrarás a tu jefe que confías en ti misma.

Un conjunto atemporal, sexy e inteligente, es la combinación de falda y blusa. **Elige una blusa muy entallada:** eso no significa que bajas una talla hasta que los botones del pecho comienzan a hacer frunces. No... compra una talla más, procurando que la blusa quede ajustada pero sin que parezca que te queda pequeña. La idea consiste en que un pecho entallado da a la camisa un aire sexy.

Olvídate de las minifaldas si quieres que te tomen en serio. Un corte recto y entallado insinuará las curvas.

Igual que hiciste para encontrar la blusa, emplea esta guía de tallas para encontrar los pantalones o la falda perfectos. Pruébate el par más pequeño y luego mira hacia abajo. Si puedes ver el contorno de los pantalones o si las costuras rebosan... son demasiado pequeños. **Ve subiendo una talla hasta que tengas una silueta curva, pero suave.**

TRABÁJATELO mientras haces ejercicio

Si confías en encontrar al hombre de tus sueños, el gimnasio puede ser un buen lugar para empezar. Pero **no hay nada peor que un atuendo demasiado sexy para hacer ejercicio.** Los hombres tienen tendencia a observar a las mujeres cuando estamos haciendo ejercicio, y esto supone enseñar curvas, levantar el pecho y meter la barriga.

Un buen sujetador deportivo es perfecto para mostrar tu trabajado físico... al tiempo que te ofrece el sostén que necesitas. Combínalo con un par de pantalones cortos o *culottes* y serás la reina del gimnasio. **El truco es evitar que se marque la ropa interior:** si fuera necesario... ¡deja las braguitas en el vestuario!

En una CITA CALIENTE

Lo más importante de un estilo sexy en una cita es que no parezca que te has esforzado. **El objetivo es que parezca que te levantas, comes y duermes así de sexy.** Él no tiene por qué saber que te has pasado 1 hora en la peluquería y otras 2 horas preparándote.

Enseñar demasiada carne está prohibido en la primera cita. Aunque pudieras captar el interés del chico esa noche, si apareces vestida como una bailarina erótica, estará interesado por los motivos equivocados. Debes mostrarte "casualmente sexy". Recuerda estos tres consejos:

1 *Invierte en un sujetador que te siente bien*
Es importante que el sujetador te siente bien, sujete y dé forma al pecho, sea cual sea su tamaño. Así pues, dedica algún tiempo a probarte varios modelos. A la hora de elegir un sujetador sexy, los detalles están en la tela y los remates. Las telas satinadas quedan mejor bajo la ropa, pues no sobresale nada de ellas (al contrario que con los sujetadores de encaje). Si crees que se va a transparentar el sujetador, elige otro con un bonito adorno.

2 *Enseña algo de pierna*
No hace falta una minifalda para lucir piernas suaves y bonitas, simplemente unos zapatos o unas botas geniales. Pero si te va la mini, combínala con un *top* suelto de cuello alto y zapatos planos. Recuerda que si enseñas las piernas deberías cubrirte el canalillo -y viceversa-.

3 *Desvía la atención hacia el cuello*
Llevar blusas o jerseys que realcen el cuello y la clavícula puede ser tan sexy como enseñar el escote. "Honra" a tu pecho con un *top* cuyo escote no se hunda en el pecho (desviará la atención hacia el cuello). El objetivo es crear expectación por lo oculto.

HE AQUÍ LOS 5 PUNTOS VITALES PARA RESULTAR SEXY SIN PARECER UNA "MUJERZUELA"...

1 **Viste siempre con telas suaves y agradables.** La seda y la cachemira son especialmente sensuales.

2 **Aléjate de lo evidente,** como faldas ultracortas o *tops* con transparencias. Deja que *hable* tu ropa elegante.

3 **Pruébate la ropa con tranquilidad** y no tengas miedo a subir o bajar una talla si esto contribuye a que te quede bien.

4 **Combina algo sexy** con algo más conservador para así transmitir sensualidad.

5 **Elige ropa interior lisa y adaptable.** Los sujetadores prominentes o las medias con costuras NO son nada sexys.

Cómo comprar con cabeza

Todas las mujeres cometemos errores con la moda… y las mujeres *desesperadas* no son la excepción. De hecho, un estudio del grupo "Mintel" revela que las mujeres británicas malgastan suficiente dinero al año en ropa, calzado y accesorios -que nunca se ponen- como para pagarse una semana de vacaciones.

Parte del problema es que, aún cuando alcanzamos la treintena o la cuarentena, **muchas de nosotras no conocemos con exactitud nuestro estilo**, y el divorcio, los niños y cambiar de trabajo no significan que haya que cambiar de imagen.

El secreto está en **aprender a elegir la ropa** que se ajuste a tu gusto y estilo de vida, que te favorezca y *cuadre* en tu presupuesto.

PREPARADA, LISTA…

Revisa tu armario para ver qué te falta. Fíjate en las prendas que nunca te pones, luego en lo que siempre te pones… y decide lo que necesitas pero no tienes. **Haz una lista de los artículos clave que crees que debes tener.** Si sabes que una prenda clásica de tu armario se sigue adaptando a ti, inclúyela en tu lista. Sustitúyela si está vieja o, si es posible, cómprala en otro color.

La clave de una buena revisión de vestuario consiste en tirar cosas, aunque sólo sea para hacer sitio a las nuevas "gangas". Antes de deshacerte de las cosas debes saber exactamente qué tienes.

Saca todo y vuelve a guardar únicamente lo que te gusta de verdad. Si tienes prendas demasiado pequeñas, recuerda que si necesitas bajar una talla para entrar en ellas, tardarás por lo menos 3 ó 4 meses. Sé realista: no te volverás a poner esa ropa hasta el próximo invierno, cuando probablemente estés tan satisfecha con tu recuperada figura que querrás salir a comprar un montón de cosas nuevas.

CÓMO HACER LIMPIEZA EN TU ARMARIO

1 **Conserva únicamente las prendas que te sienten bien.**
¿De verdad vas a adelgazar para meterte en ese vestido
tan pequeño? Deja de torturarte y tíralo o regálalo.

2 **Invierte en perchas de calidad,** baldas clasificadoras para
jerseys y soportes para zapatos.

3 **Organiza el armario** de la forma que más te convenga.
Por ejemplo, ropa de diario y para ocasiones especiales,
o por colores o tipos de prenda.

4 **Lleva a la tintorería,** arregla y empaqueta las prendas
para ocasiones especiales.

5 **Repasa los errores cometidos en rebajas pasadas** para no
volverlos a cometer.

PIENSA EN UNA CIFRA
Y RESPÉTALA

Antes de salir de compras, **decide
cuánto puedes gastarte siendo
realista...** y luego concédete un
margen de un 10-15% para
despilfarros "inevitables".

MEJOR
SIN PRISAS

No vayas de compras cuando no
tengas tiempo: no basta con
1 hora. **Evita las tiendas cuando
estés preocupada por otras cosas**
o tengas un mal día. Los errores te
estarán acechando.

VESTIDA PARA EL ÉXITO

Cuando vayas de compras vístete de forma adecuada y procura **llevar prendas que se puedan poner y quitar con facilidad.** Si estás buscando un vestido de noche, no lleves deportivas. Procura que tu ropa sea sencilla y te haga sentir segura.

... ¡YA!

Cuando estés preparada para un buen día de compras, haz uso de estos métodos garantizados para **conseguir lo que quieres.**

NO TE **DESPISTES**

Procura no distraerte **enamorándote de una prenda que no necesitas.** Es poco probable que estos artículos se conviertan en fondo de armario... y seguramente acaben en el olvido.

SÉ SINCERA CONTIGO MISMA

¿Cómo te queda? ¿Te favorece? ¿Qué te parece? ¿Te sientes cómoda y segura? **¿Te gusta la prenda porque está de moda**, porque te hace "estar en la onda"... o porque transmite algo sobre quién eres?

No compres un color sólo porque esté de moda o porque le quede bien a tu mejor amiga. Observa el color en contraste con tu piel, cabello y ojos.

Cómo evitar UNAS REBAJAS DESASTROSAS

Las gangas que parecen demasiado buenas para perdérselas, pero acaban olvidadas en el armario… son **el mayor derroche de presupuesto imaginable.** He aquí cómo rastrear una auténtica ganga y evitar perder tiempo y dinero en prendas que nunca verán la luz del día.

6 PASOS PARA IR DE COMPRAS EN REBAJAS

1 **Decide lo que buscas** y cíñete a ello.

2 **Compra únicamente cosas de tu talla** y que te sienten bien: las únicas excepciones son los pantalones o faldas a los que haya que cogerles el bajo.

3 **Piensa en comodidad.** Cualquier cosa que no te resulte cómoda al probártela… será un calvario al final del día.

4 **Cíñete a los clásicos.** Esa minifalda naranja y azul está muy de moda esta temporada, pero ¿y el año que viene? Es mejor optar por prendas sencillas y atemporales.

5 **Si no puedes imaginarte al menos 3 ocasiones distintas en las que ponértela,** no la compres (a menos que se trate de prendas *sport* o de un vestido de novia).

6 **No compres nada en rebajas que no comprarías a su precio habitual**. Si no encaja en tu armario, no es ninguna ganga.

Adictas a las compras

Amasar deudas es hoy más fácil que nunca, pues las entidades emisoras de tarjetas de crédito están deseosas de prestar dinero -al margen de si el cliente puede, o no, devolverlo-. Así pues, si tu hábito "comprópata" está fuera de control, aquí tienes 5 formas para **retomar el mando de tus finanzas y cambiar deudas por dinero...**

1 SIMPLIFICA TU ECONOMÍA

Si te abruma el extracto de tus tarjetas de crédito y cuentas bancarias, cierra algunas cuentas y consolida otras. Cuanto más sencilla sea tu vida financiera, más fácil será controlarla.

2 DEJA DE DERROCHAR DINERO EN METÁLICO

Suma el dinero que te has gastado en ropa, accesorios y cosmética que apenas has usado. Haz la compra de la casa con una lista y cíñete a ella para no tirar comida cada semana. Recuerda cuánto te ha costado ganar el dinero que ahora estás "tirando".

3 NO PAGUES DE MÁS AL BANCO

Consolida la mayor parte de tu deuda en una tarjeta de crédito al 0% o a un interés bajo, y comprométete a pagarla cuando expire el tipo de interés inicial. Salda la deuda y mantente limpia.

4 RECICLA TU DINERO

Date una vuelta por la casa, recoge todos los artículos que no utilices y véndelos en una tienda de segunda mano o por internet. Emplea el dinero en saldar deudas, o ingrésalo en una cuenta de ahorro.

5 COMPRA COSAS QUE RETENGAN SU VALOR

Cuando inviertas dinero en la casa, plantéate si estás añadiendo valor. Cuando compres ropa, pregúntate cuánto podrías recuperar si la vendieras en un futuro. La página de *eBay* en internet tiene un excelente mercado de zapatos y bolsos de diseño de segunda mano... que podría ser un buen modo de recuperar algo del dinero que has pagado.

CONTROLA tu tarjeta de crédito

Las tarjetas de crédito son geniales mientras no caigas bajo su control. **Tener tarjetas de crédito puede ofrecer ventajas reales**, pero todo depende de cómo las utilices. Si eres incapaz de pagar tu extracto cada mes y sólo ves crecer tus deudas… ya no estás al mando de lo que gastas.

LAS MEJORES FORMAS DE USAR TU TARJETA

★ Carga tus **compras grandes justo después del cierre del período de facturación.** Así dispondrás de todo un mes antes de que te llegue la factura y tengas que realizar el pago.

★ Despréndete de todas las tarjetas menos de una, que puedes emplear para las compras grandes. Trata de **cumplir con los pagos cada mes,** evitando así los intereses y un repunte de la deuda.

★ Si decides saldar el pago cada mes, **ten cuidado con los gastos que cargas.**

CÓMO GASTAR MENOS CON TUS TARJETAS DE CRÉDITO

★ Si la entidad emisora de tu tarjeta de crédito te cobra comisión anual, solicita que te la retiren. Muchas entidades no cargan esta comisión, así que cámbiate. Hay entidades que anulan la comisión cuando se solicita.

★ Aprovecha las ofertas como un seguro gratis o puntos de avión con cada compra. Siempre que utilices la tarjeta de manera responsable, solicita las ventajas.

★ Si te retrasas en un pago, llama y pide que te retiren la comisión e intereses por demora.

★ Si no es frecuente, tu petición normalmente será aceptada. Sin embargo, si siempre te retrasas un par de días en realizar el pago, llama a la entidad emisora de tu tarjeta y ten siempre una "persona de confianza" con la que puedas comentar tus "problemillas".

★ Pregunta si es posible retrasar el día de pago una semana para que así puedas ingresar tu dinero y pagar tu deuda a tiempo.

CAPÍTULO

Carrera
y vida familiar

El acto de conciliación

Es el gran dilema de las mujeres del siglo XXI: **cómo conciliar carrera profesional, familia y relación de pareja** sin acabar tan estresada que apenas puedas mantener abiertos los ojos el tiempo suficiente como para dar las buenas noches a tus hijos… o hacer el amor con tu marido.

Los **pequeños detalles pueden marcar la diferencia** en el ajetreo diario. Esto puede significar organizarte mejor por las mañanas, mantenerte al tanto de la vida de los niños mientras estás trabajando, o aprovechar más las tardes en casa. He aquí algunas ideas que te ayudarán en tu papel de mamá superocupada.

Haz que tus mañanas sean menos frenéticas

★ Sigue la **misma rutina** cada día para que tus hijos sepan qué va a ocurrir.

★ **Levántate antes que los niños** y haz ejercicio o tómate un café tranquilamente, dúchate y vístete.

★ Prepara la ropa de los niños la noche antes para evitar **discusiones sobre qué se van a poner.**

★ Deja que los niños hagan tanto como puedan solos: vestirse, peinarse o servirse los cereales. Esto **les ayudará a sentirse más independientes,** al tiempo que te da libertad para hacer otras cosas.

ORGANÍZATE con antelación

★ **Prepara todo lo que puedas antes de irte a la cama:** revisa las mochilas escolares, saca la ropa del cole y del trabajo, prepara los almuerzos, pon en marcha y vacía el lavavajillas y haz una lista para la niñera.

★ Crea una **zona reservada para coger/dejar** zapatos, abrigos, bolsas, equipamiento deportivo y cualquier cosa que se necesite por la mañana.

★ Cerca de la puerta, coloca una carpeta con todas las notas del colegio para poder revisarlas cada tarde. Anota cualquier plan que necesites llevar acabo en una **lista diaria** para el día siguiente y dales prioridad.

★ Cuelga un reloj en un lugar visible y asegúrate de que cada miembro de la familia es consciente de su **hora de salida**.

★ **Organiza turnos** para el desayuno, el baño u otras tareas para que todos puedan avanzar: así, nadie perderá tiempo esperando.

Mientras trabajas

★ Vé a las **excursiones u ofrécete de voluntaria en la clase** si puedes escaparte del trabajo de vez en cuando.

★ Manténte en contacto con el/la profesor/a o niñera por teléfono o correo electrónico. Pide a la persona que cuida de tus niños que anote los deberes, actividades o próximos compromisos de los pequeños para no **sentir que te estás perdiendo** su niñez.

★ No delegues en el/la cuidador/a las obras de teatro y conciertos, reuniones de padres o días especiales del colegio o la guardería: tú o tu pareja debéis **acudir a los acontecimientos importantes.**

Aprovecha las tardes

- Concédete a ti y a tus hijos **tiempo para relajaros y pasarlo bien**. Prepara la comida con antelación o cocina algo rápido y sencillo para no pasarte todo el tiempo metida en la cocina. Y, de vez en cuando, permítete el lujo de salir a cenar fuera o pedir comida a domicilio.

- Crea una norma que consista en **apagar la televisión** y hablar de cómo os ha ido el día como una familia durante la cena.

- **Respeta una rutina** para que los niños sepan qué esperar, pero procura que también incluya tiempo para juegos y mimos.

Mantén viva tu
VIDA AMOROSA

Procura **pasar algún tiempo con tu hombre**, aunque sea leyendo o viendo la tele. Las llamadas de teléfono y correos electrónicos durante el día os harán sentir más cerca y que formáis parte de la vida del otro.

Salid **a comer o cenar juntos** por lo menos una vez al mes… Y no te sientas culpable por meter a los niños en la cama pronto de vez en cuando para disfrutar de más tiempo para los dos.

Cómo encontrar
tiempo "para mí"

Hoy en día, el trabajo ocupa mucho tiempo en nuestras vidas y parece que las **madres trabajadoras se llevan casi toda la carga**. Pasamos cuidando de los niños y la casa una media de 2 horas más que nuestras parejas en días de diario… y 3 horas más los fines de semana. Teniendo esto en cuenta, no soprende lo difícil que resulta encontrar un equilibrio saludable que compense las decisiones difíciles.

Comienza ahora mismo **reflexionando** sobre la calidad de tu vida familiar y planteándote los pasos que puedes dar para mejorar los problemas evidentes. Aquí tienes un plan de 8 pasos que te ayudará:

PROHIBIDO EL **ESTRÉS**

Es imposible, incluso indeseable, eliminar todo el estrés de nuestras vidas. El estrés, en las dosis adecuadas, puede motivarnos y hacer que suba nuestra adrenalina. Pero si no desaparece o la situación parece descontrolarse, **el estrés puede empezar a hacer daño a nuestra salud**.

Identifica lo que te estresa a diario: ya sea tu jefe o el que tu marido no te ayude en la casa. A continuación, analiza dónde puedes hacer desaparecer o reducir las causas de estrés de tu vida. Si no pueden eliminarse, pregúntate, **¿es posible cambiar tu reacción** ante ellas para que así no te afecten tanto?

2 TÓMATELO CON CALMA

Todos tendemos a sobrecargar nuestras agendas y acabamos corriendo de un lado a otro, o cancelando citas en el último momento. Recuerda: no es necesario estar ocupada cada minuto del día. **No te comprometas a menos que sea importante** para ti. Acostúmbrate a decir "no" sin sentirte culpable a las cosas que no quieres hacer o para las que no tienes tiempo. Y no seas esclava del teléfono... para eso están los contestadores automáticos.

3 DIVIÉRTETE

Mucho trabajo y poca diversión convertirá en aburrida a la chica más divertida. Deja que tu tiempo libre se reduzca y observarás cómo tu relación comienza a sufrir. Reserva tiempo para divertirte. Lee con tu hijo, juega con tu bebé o disfruta de una película con tu pareja.

Disfruta del momento. **Demuestra a tu familia lo importante que son para ti** pasando tiempo con ellos cada día.

SÉ DISCIPLINADA

Sé tan **tan firme con tu tiempo libre** como lo eres en la oficina. Al acabar tu jornada, procura dejar las preocupaciones laborales completamente de lado para el resto de la tarde. Establece un momento determinado por la mañana en el que te permitas pensar de nuevo en el trabajo y, el resto del tiempo, dedica tus pensamientos a la vida social y familiar.

COMPARTE LA CARGA

Dejemos una cosa clara: la pareja y los niños -incluso los más pequeños- pueden ayudar en la casa. Celebrad una "reunión familiar" para decidir cuáles son las prioridades domésticas y **asignar tareas.** ¿De verdad te importa si las persianas no se han fregado en un mes? ¿Le importa a alguien más?

Encomendar a tus hijos tareas adecuadas a su edad les ayuda a desarrollar su independencia. Y compartir las cargas hará que **todos tengáis más tiempo** y un hogar más tranquilo y pacífico.

BAJA EL RITMO

En ocasiones todos sentimos que tiran de nosotros en demasiadas direcciones y que estamos a punto de rompernos. Si sientes que no das a basto, pregúntate: "¿Cuál es la cosa más satisfactoria y gratificante que podría hacer por mí y por mi familia?".

No pierdas más tiempo en actividades que no te importan. En cambio, **céntrate en lo que de verdad es importante en tu vida.** Ten expectativas realistas respecto a ti y los demás. Aprende a adaptarte y deja escapar lo que ya no necesitas.

MÍMATE

Cuida tu cuerpo y te será más fácil enfrentarte a las tensiones de la vida cotidiana. Una dieta equilibrada, ejercicio regular y bastantes horas de sueño pueden obrar maravillas para **potenciar tus niveles de energía.**

TOMA LAS RIENDAS DE TU VIDA DE VEZ EN CUANDO

Antes de irte a la cama, dedica unos minutos a pensar en el día que acaba de pasar y a repasar el siguiente. Es también un momento estupendo para plantearte cualquier cosa que quieras lograr, pues te ayudará a concentrarte. **Pensar en cómo han ido las cosas** y planificar el futuro te ayudará a sentirte más al mando de tu vida.

¿Quedarse en casa o volver al trabajo?

Una de las decisiones más difíciles que deben tomar los nuevos padres es decidir si volver al trabajo o quedarse en casa cuidando al bebé.

Para algunos la decisión ya está tomada, ya que **su economía les obliga** a volver a trabajar. Para otros, muchos factores contribuyen a la decisión final.

Si tienes la oportunidad de quedarte en casa, son muchas las recompensas. Una de las grandes ventajas es poder **ver cómo crece tu pequeño/a**.

Pero no caigas en la trampa de creer que quedarte en casa es necesariamente mejor para el bebé que trabajar, especialmente si sabes que, por mucho que quieras a tu bebé, vas a sentirte **aburrida y frustrada,** lo cual no es bueno ni para el bebé ni para ti.

Al margen del resultado, las mujeres con frecuencia se sienten **atormentadas por la culpa.** Un método seguro para combatirla es tomar una decisión, ceñirse a ella y, lo que es más importante, aceptarla. Y procura **no juzgar a otras madres** que hayan tomado una decisión diferente a la tuya.

Trabajar desde casa

¿Estás dispuesta a arriesgarte y ser tu propio jefe?

A la mayoría, dejar de lado el transporte diario, las reuniones interminables y la política de empresa les parecerá un sueño hecho realidad, pero, ¿será así de verdad? **¿Estás dispuesta a convertirte en tu propio jefe** y trabajar desde casa? Plantéate las siguientes 7 preguntas para averiguar si este estilo de vida se ajusta a ti.

1 ¿ERES INDEPENDIENTE?

Las personas que tienen éxito trabajando desde casa son individualistas *de corazón*. Han elegido trabajar de manera libre e independiente o, tras convertirse en autónomos por casualidad, descubren que les gusta.

2 ¿SE TE DA BIEN ORGANIZAR TU PROPIO TIEMPO?

Es algo esencial cuando eres tu propio jefe… No tendrás a nadie detrás metiéndote prisa y vigilando que cumplas los plazos: ¡todo depende de ti!

3 ¿TE GUSTA LA VARIEDAD?

Los trabajadores *freelance* felices se cansan de la monotonía con facilidad. Prefieren elegir sus trabajos en lugar de realizar las mismas tareas una y otra vez. Trabajar por tu cuenta implica cambios constantes y nuevos desafíos.

4 ¿QUIERES APRENDER NUEVAS HABILIDADES?

Para trabajar bien desde casa suele ser necesario continuar aprendiendo nuevas habilidades para mantener la competitividad y captar nuevos clientes.

5

¿PERSIGUES UN **MEJOR EQUILIBRIO** ENTRE TU **TRABAJO Y EL RESTO DE TU VIDA?**

La mayoría de las personas que optan por trabajar por su cuenta tratan de lograr un mejor equilibrio entre su vida profesional y familiar. Como las personas que trabajan por su cuenta controlan su tiempo, es **más fácil reservar tiempo para la familia, aficiones y otros intereses personales.** Parte del encanto de no tener jefe es trabajar cuando quieres o lo necesitas.

6

¿ODIAS LA **POLÍTICA DE EMPRESA?**

Salir de un ambiente laboral competitivo e insoportable puede resultar muy atractivo. **Puedes concentrarte en tu trabajo** sin la compleja política que preocupa a muchos trabajadores a jornada completa, que luchan por escalar en la escala corporativa.

7

¿ES POSIBLE **MANTENERSE** TRABAJANDO DESDE **CASA?**

En un primer momento, la mayoría de las personas que trabajan por su cuenta **observan cómo descienden sus ingresos.** Debes plantearte la cantidad mínima que necesitas ganar cada mes y tratar de conseguirla.

Si quieres ser una madre que trabaja desde su casa a media jornada, entonces divide tus ingresos mensuales entre 80 (20 horas a la semana por 4 semanas) y verás cuánto necesitas ganar por hora (ya sea cobrando por proyectos o por hora).

Revisa tus gastos actuales y decide qué puedes recortar. Después, **haz una valoración de lo que necesitas para empezar:** no te olvides de que, dependiendo del tipo de trabajo que vayas a realizar, tal vez ya dispongas de los artículos necesarios, como un ordenador y un teléfono.

Cómo lograr EL ÉXITO trabajando DESDE CASA

MANTÉN CONTACTO CON EL MUNDO EXTERIOR

Sin el aspecto social de una oficina, al principio, los días de trabajo pueden parecerte un poco aburridos. Puedes reducir estos problemas...

★ Reservando tiempo para socializar y conocer a nuevas personas, sobre todo si vives sola. **Es fácil convertirse en una "reclusa",** así que procura no caer en la trampa. Sal a comer y a tomar algo.

★ Si trabajas por tu cuenta, **organiza reuniones ocasionales con los clientes:** el contacto personal resulta mucho más gratificante que los correos electrónicos y las conversaciones telefónicas.

SÉ AMABLE CONTIGO MISMA

Estar rodeada del resto de *facetas* de tu vida hace que te distraigas muy fácilmente. Si tienes la costumbre de ir haciendo tareas domésticas mientras trabajas, **intenta ignorarlas.** Cuando todos los miembros de un hogar salen a trabajar es más fácil descargar las tareas como lavar y cocinar en la persona que primero llega a casa. Si te quedas en casa, el asunto se complica.

Incluso en las relaciones más equilibradas, un miembro de la pareja siempre **controla más lo que hay que hacer.** Si ésa eres tú, tienes muchas probabilidades de acabar con 2 trabajos que parecen no tener ni principio ni fin.

★ Trata tus horas de trabajo con igual seriedad que lo harías en una oficina.

★ Aprende a ignorar las tareas de la casa hasta que hayas acabado tu trabajo.

★ Anima a los niños y a tu pareja a que te ayuden más.

EQUÍPATE **ADECUADAMENTE**

Establecerse en casa exige una inversión básica si quieres lograr el éxito siendo tu propio jefe.

★ **No te instales sobre algo que tenga otra utilidad.** Si trabajas en la mesa de la cocina perderás mucho tiempo despejándola por la noche y después colocando todo otra vez por la mañana.

★ **Crea una zona de trabajo independiente del dormitorio.** Lo mejor es un espacio con una puerta que puedas cerrar cuando desees que el resto del mundo te deje en paz.

★ **Instalar una línea telefónica independiente** es una forma eficaz de establecer una distinción clara entre la vida laboral y familiar. Cuando acabes de trabajar, deja que sea un contesador quien responda a tus llamadas, y lo mismo con tus llamadas personales cuando trabajes.

BUSCA **AYUDA** CON LOS **NIÑOS**

Si te sientes tentada ante la idea de combinar trabajar desde casa con el cuidado de los niños, piénsatelo dos veces. **No puedes trabajar de forma productiva con los niños en casa,** requieren demasiada atención. No te sientas culpable por contratar a alguien que cuide de ellos mientras trabajas en otra habitación de la casa.

5 TRUCOS para hacer que tu hogar parezca UNA OFICINA DE VERDAD

1 Emplea un espacio que puedas cerrar cuando hayas acabado tu jornada. Si esto no fuera posible, por lo menos procura que no haya posibilidades de que las más pequeños merodeen por tu escritorio.

2 Levántate media hora antes y haz las tareas domésticas antes de empezar a trabajar.

3 Cultiva una vena egoísta y aprende a decir "no". El hecho de que tu casa sea la que más cerca esté del colegio no significa que siempre tengas que ser tú la que recoge a los niños de los amigos.

4 Vístete para trabajar. Si cada día te pones unos tejanos y un jersey viejo, acabarás sintiéndote perezosa e ineficaz. Marca la diferencia entre tu trabajo y tu tiempo libre con la ropa: no hace falta que te pongas un traje, pero sentarte a trabajar en pijama no inspira demasiado...

5 NUNCA enciendas la televisión. La tele diurna es adictiva y es muy fácil engancharse. Sal a pasear o lee el periódico para descansar.

Cómo ascender
y tocar techo

Pese a todo el progreso que las mujeres trabajadoras han logrado en los últimos 50 años, **todavía les resulta difícil ascender de puesto.** Y, según las últimas estadísticas, cuando lo logran no cobran tanto como sus compañeros haciendo EXACTAMENTE el mismo trabajo. Todavía queda mucho camino para conseguir la igualdad.

En lo referente a las madres trabajadoras, parece que algunas empresas todavía viven en la Edad de Piedra por su falta de apoyo. Pero eso no siginifica que no puedas ponerte al mando de tu carrera. Hay muchas cosas que puedes hacer para potenciar tu perfil laboral... y ello no implica quedarte hasta las tantas cada noche. He aquí unos cuantos métodos inteligentes para **hacerte notar...**

AMPLÍA TU CÍRCULO
SIN VERGÜENZA

Necesitas darte a conocer en toda la empresa porque ésa es una **buena ruta para futuros ascensos** y subidas de salario. Si te piden que organices un comité, elige a personas de fuera de tu grupo y, claro está, a personas que creas que te pueden resultar útiles en un futuro.

Pero recuerda que el trabajo no es el único lugar para entablar relaciones. Otros padres del colegio de tus hijos, vecinos, comerciantes del vecindario y los profesores de tus niños: todos componen una red poderosa y amplia que puedes utilizar. De hecho, otras madres del colegio y sus maridos te pondrán en contacto con círculos de contactos sociales potencialmente profesionales.

HAZTE
IRREMPLAZABLE

En tu propio lugar de trabajo, trata de predecir cuál será la siguiente área de expansión en tu campo. **Comienza aprendiendo las habilidades necesarias** ahora y encárgate de hacerlas públicas. Seguro que potenciarán tu perfil laboral.

NO ACEPTES
TODO

Elige con cuidado los proyectos que aceptas y concéntrate en hacerlos bien en lugar de intentar hacerte visible por todas partes.

HAZ EL TRABAJO QUE
NO QUIERE NADIE

Si hay una tarea específica que a nadie le gusta, pero tiene el **potencial de hacerte ganar puntos** si sale bien, no lo dudes y acéptala. Aunque no logres un éxito completo, destacarás como una persona entusiasta que está dispuesta a arriesgarse.

CONTROLA
TU PROPIA CARRERA

Ascender exige **algo más que pasar la jornada laboral** haciendo lo mínimo mientras esperas en secreto que alguien descubra tu potencial oculto. A menos que tengas mucha suerte, es poco probable que tu jefe dedique mucho tiempo a formarte lo cual significa que, progresar y mejorar en tu puesto, depende enteramente de ti.

Cómo progresar siendo mujer

Cómo ser AUTORITARIA
sin ser agresiva

Observa a tus amigos y colegas. **Siempre sabes quién tiene el poder.**

Una mujer que utiliza su poder con sabiduría desprende la sensación de pertenecer a cualquier escenario laboral. No le asusta mirar a las personas a los ojos y aguantar la mirada. No necesita cultivar amistades íntimas en el trabajo y suele ser simpática, pero un poco distante. Se viste con elegancia y siempre está acicalada. No se queja y nunca traslada a la oficina sus problemas personales. Aquí tienes algunas maneras de **aumentar tu cuota de poder en el trabajo...**

ACTÚA COMO SI YA
TUVIERAS LO QUE QUIERES

Comportarte como si ya tienes lo que persigues significa que estás ya al mando y tienes menos probabilidades de ponerte nerviosa. **Deja de ser pasiva-agresiva:** las personas que sienten que no tienen poder, a veces sienten que no tienen tiempo. Si crees que siempre vas deprisa, el problema puede no ser una falta de tiempo... sino pensar que no estás al mando.

UNA DE CAL...

Hay veces que tienes que decir "no" y es lo correcto. Pero, en ocasiones, **decir "sí" puede ser aún más poderoso,** incluso si ello implica ponerte al límite.

SI NO PIDES...

Ésta es la táctica más sencilla y eficaz. **Pide más de lo que esperas obtener.** La mayoría de las mujeres acaban pidiendo menos y luego se sienten decepcionadas cuando no les ofrecen más. Nunca pidas -ni aceptes- menos de lo que crees merecer.

Cómo conseguir
LO QUE QUIERES

1 NO TITUBEES

Evita demostrar poca personalidad a la hora de exigir. Con demasiada frecuencia, nos disculpamos, ponemos excusas, damos explicaciones o muchos rodeos… y la persona que escucha recibe un mensaje confuso.

2 SÉ DIRECTA

Plantéate con antelación qué es lo que quieres decir y luego dilo tan clara y directamente como puedas, sin más adornos. Demuestra que sabes lo que quieres y la gente te creerá y sabrá qué puede esperar de ti y hasta dónde pueden contar contigo.

3 SÉ CONCISA

Cuantas menos palabras utilices, mayor será el impacto. Las mujeres poderosas y eficientes son siempre concisas. Recuerda que las personas inteligentes escuchan más que hablan.

4 SÉ POSITIVA

Procura ser simpática y amable… pero sin exagerar. Sonríe cuando le pidas a alguien que haga algo y agradécelo siempre *a posteriori*.

5 MIRA SIEMPRE A LOS OJOS

Todo el mundo te tomará mucho más en serio y tendrá más claro lo que quieres si les miras directamente a los ojos y les prestas toda tu atención mientras conversáis.

5 trucos para REACTIVAR una carrera estancada

1   NO HAGAS PREGUNTAS QUE NO PUEDAS RESPONDER

Sí, resulta reconfortante preguntar a tu jefe cuando no estás segura o sientes que necesitas su aprobación, pero... la próxima vez, pregúntate primero a ti misma. ¿Podrá responder mejor que tú? En la mayoría de los casos, probablemente no. Conoces tu trabajo mejor que nadie, así que, piénsatelo bien.

2   PRESENTA ÚNICAMENTE UN PROBLEMA CON UNA SOLUCIÓN

Es un fastidio cuando otras personas acuden a ti con problemas y esperan una solución. De igual manera, no acudas a tu jefe con un problema si no has pasado un mínimo de 10 minutos pensando en posibles soluciones. Impresionarás a tu jefe planteándole un asunto problemático... y luego sugiriéndole formas de resolverlo.

3   NO TE DISCULPES

Comenzar con una disculpa te hace parecer débil. Concéntrate en lo que has aprendido en lugar de en lo que has hecho mal.

4   NUNCA CHILLES NI GRITES

El trabajo no es el lugar para demostrar tus emociones. Nunca envíes un correo electrónico en un momento de ira o frustración. Anota tu respuesta de inmediato, pero no la envíes. Espera al menos media hora y luego vuelve a leerla... Un 90% de las veces ya te habrás calmado, y podrás enviar una respuesta más "considerada".

5   DA UN PASO MÁS

A todos nos piden que hagamos cosas que no encajan exactamente en nuestra descripción laboral. Pero aceptar nuevos desafíos es bueno... Puedes aprender algo nuevo y tu jefe quedará impresionado por tu espíritu de equipo.

Rumbo ASCENDENTE

- Procura conocer tu trabajo actual *al dedillo*.

- Averigua todo lo que puedas sobre las posibilidades de ascenso en tu empresa.

- Trata de llevarte bien con los compañeros del departamento al que esperas pertenecer.

- Sonríe: el entusiasmo por el trabajo es contagioso y te hará caer en gracia.

- Sé siempre puntual y responsable.

- No estés pendiente del reloj: los jefes no lo soportan.

- Acepta todas las oportunidades de formación que te ofrezcan.

De madre a profesional:
sobrevive al cambio

Volver al trabajo después de unos meses de ausencia por baja maternal **puede ser todo un desafío.** ¿Habrás perdido contacto? ¿Te habrás olvidado de cómo hacer otras cosas... aparte de cambiar pañales o hacer papillas?

Los siguientes trucos te facilitarán *la transición*:

AVERIGUA
TU VALÍA

Haz un inventario de habilidades y **anota qué se te da bien.** No descalifiques una habilidad o experiencia porque pienses que no está relacionada con la oficina. Si hubieras optado por quedarte en casa, habrías organizado reuniones de padres y profesores, o cumpleaños infantiles. Ambas facetas demuestran tu capacidad para estar al mando y conseguir que se hagan las cosas.

REGRESA A TU
ANTIGUO TRABAJO

Esto te facilitará el regreso. Y si disfrutas con lo que haces, volver al trabajo será menos estresante. Sabes qué esperar, la gente no será extraña, e incluso el trayecto hasta el trabajo te resultará familiar. Si no estás segura, **opta por un trabajo a media jornada** o por tu cuenta... y recuerda que puedes progresar en cuanto hayas recuperado la confianza.

APRENDE TODO LO QUE PUEDAS EN CASA

Dar de comer a los niños, cambiar pañales y limpiar la casa es un trabajo a jornada completa, pero si tienes tiempo libre, **lee libros o acude a clases nocturnas** que te ayuden a progresar en el área elegida.

RECICLA A TU HOMBRE

Con tu nuevo trabajo, tal vez descubras que dispones de menos tiempo para dedicar a tu marido, y él se puede sentir abandonado. Aunque debería acostumbrarse a la nueva situación, debes **asegurarte tener espacio y tiempo para él.** El ego masculino puede ser frágil, así que cuenta con él para todo.

PREPARA A TUS HIJOS

Ellos son los que probablemente echarán más de menos a mamá. Estáte preparada para las "rabietas", pero tranquilízales diciéndoles que podrán estar en contacto contigo. **Diles cuándo llegarás a casa** y compensa el tiempo perdido cuando regreses. Recuerda: es bueno que adquieran más independencia.

PIDE AYUDA

No intentes ser una *supermujer* y hacer todo. Prepárate para los conflictos mientras todos se adaptan al horario laboral. Antes de empezar, siéntate con tu familia para hablar de las tareas domésticas y el cuidado de los niños. **Procura compartir las tareas** con tu pareja o trasládalas a tus hijos mayores. También, puedes pedir a los abuelos o amigos que te ayuden si los dos acabáis de trabajar tarde.

Qué hacer si tu jefe/a es más joven que tú

Si te has tomado un tiempo para tener niños, existen muchas posibilidades de que tus compañeros/as hayan ascendido mientras tú estabas dedicada a tus bebés. **El secreto consiste en no tener envidia:** no pienses que has sacrificado tu posición por los niños... al menos has tenido la oportunidad de estar con tus hijos y verlos crecer. Si obtienes resultados y demuestras tu valía, te verás igualmente recompensada... y ponerte al día con tus compañeros no debería ser tan difícil: simplemente es cuestión de tiempo.

Al regresar al trabajo, también puedes descubrir que tienes un jefe/a más joven que tú. Esto puede ser un gran *golpe* para tu ego, pero tus habilidades pueden compensar tu falta de experiencia laboral. Tal vez descubras que, debido a las experiencias que has vivido, **tienes más capacidad que una persona más joven:** más poder de negociación, contactos personales más poderosos, y una confianza surgida tras aprender a realizar múltiples tareas y someterte a la presión de muchas exigencias a la vez. Si te sientes incómoda, insegura de tu estatus o sientes que has dado un gigantesco paso atrás, hay pocas cosas que puedes hacer para facilitar las cosas.

Aprende nuevas habilidades para que tus colegas más jóvenes no te den 100 vueltas. Regresar después de una ausencia armada con una habilidad nueva que se acaba de poner en práctica te ayudará a ganar puntos y potenciará tu confianza.

Cambia.
Deja de comparar las formas antiguas con las nuevas.
Mantén al día tu forma de vestir.

Prepara a tu jefe,
aunque sea joven:
hazte imprescindible.
Dile lo que sabes,
pero no seas
sumisa.

Marca tu propio ritmo.
Hoy en día, los jefes cambian
con mucha facilidad. Procura
que el mayor número de
superiores sepan quién
eres y lo que haces.

No tengas miedo a comentar
tus preocupaciones. Organiza
una reunión con tu jefe más
joven para charlar de ciertos
asuntos. **Hablar de los
problemas te ayudará
a buscar soluciones.**

El secreto del éxito consiste en **mostrar,
desde un principio, respeto hacia el/la
jefe/a joven.** Si tu jefe es una persona
competente, entonces trabajarás con ella
como con cualquier otro jefe.
Si no es competente, es probable que
no se mantenga en su puesto durante
demasiado tiempo y entonces
trabajarás con su sucesor/a…
¡o lo conseguirás tú!

Cómo tratar con un jefe difícil

Todas hemos tenido jefes *venidos del infierno.*

Unos son terroríficos, otros simplemente te humillan... o quizá **dé igual cuánto te esfuerces... nunca es suficiente.** No necesitas un empleo nuevo, sino un jefe nuevo. He aquí cómo tratar con los 5 tipos más comunes.

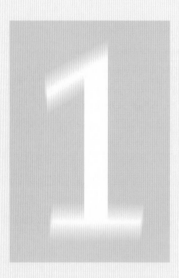

EL **ENGAÑABOBOS**

Mencionan constantemente una subida de salario o un ascenso si trabajas más, pero luego suben el listón y te dicen que saltes un poco más alto cada vez que te acercas.

Solución
Pídele a tu jefe que ponga todo por escrito.

EL
MATÓN
Es especialista en hacerte sentir insignificante, le gusta gritar e intimidar.

Solución
Gánatelo siendo simpática y amable, pero manténte firme cuando sea necesario: es más difícil intimidar a alguien a quien respetas.

EL RASTRERO
Le disgustan casi todas las personas de la oficina y siempre está cotilleando sobre ellos.

Solución
Explícale que no te gusta escuchar cosas negativas sobre tus compañeros.

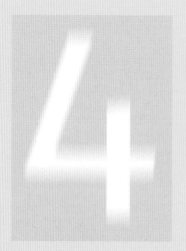

EL ADICTO
AL TRABAJO

Están dedicados en cuerpo y alma a su trabajo y esperan lo mismo de ti... aunque ello implique no tener vida social. No se muestran nada comprensivos con los asuntos familiares o enfermedades.

Solución

Marca unos límites firmes con respecto a la hora de salida... y no dejes sobrepasarlos. Conoce tus derechos como trabajador y recuérdaselos a tu jefe si fuera necesario.

EL "A MI MANERA
O TE ECHO"

Otro adicto al trabajo que carece de perspectiva y es incapaz de ver más allá de sus narices. "Correcto" significa "a su manera".

Solución

No te lo tomes como algo personal. Trata a todos igual. Conseguirás tu aumento... ahora no, pero lo lograrás.

Da a tu carrera el giro que siempre deseaste

Estar estancada en una rutina significa ir tirando, **existir más que vivir,** trabajar sólo por ganar dinero más que por obtener una satisfacción laboral real. Para averiguar si lo estás, responde a estas tres preguntas.

1 ¿Tu trabajo te emociona e interesa?

2 ¿Saca de ti lo mejor que eres capaz de dar?

3 ¿Acudes a trabajar con ganas casi todos los días?

Si has respondido "no" a alguna o a todas las preguntas, **estás estancada en una rutina** y va siendo hora de salir.

¿Por qué? Porque por muy cómoda que resulte una rutina, si abusas de ella, comenzarás a creer que eso es todo lo que mereces, y que la vida no tiene nada mejor que ofrecer.

Todo el mundo merece un trabajo que sea interesante y gratificante. La buena noticia es que, salir de la rutina, no es tan difícil como crees. Esto es lo que debes hacer.

1 SÉ SINCERA SOBRE EL TRABAJO QUE QUIERES

Muy en tu interior probablemente tienes una idea, por muy leve que sea, de lo que quieres hacer. No lo admitimos por miedo a que no sea realizable.

Al decirte a ti misma que seguramente no podrías dirigir una empresa/escribir libros de autoayuda/enseñar a bailar salsa, **estás haciendo imposible la realización de tu sueño.**

2 MÁRCATE METAS

Tu meta es ganarte la vida haciendo lo que más te gusta.

Divídelo en pasos más pequeños, y luego en otros aún más pequeños.

Por ejemplo, si trabajas en una oficina pero lo que de verdad quieres es ser masajista, tendrás que prepararte. Para ello, deberás buscarte cursos, cuánto cuestan y dónde aprender.

3 PONTE LÍMITES DE TIEMPO

Márcate un límite de tiempo para lograr cada una de tus metas. Así, si quieres ser profesora de yoga, concédete 2 semanas para reunir toda la información, 3 meses para apuntarte a un curso y comenzar a prepararte, y 2 años para hacerte profesional y establecerte por tu cuenta.

4 SIMPLEMENTE ¡HAZLO!

El paso más importante de todos. Empezar y mantenerte en marcha. Esto significa **hacer algo pequeño cada día** que te acerque a tu meta. Haz una llamada, escribe una carta, investiga o cualquier otra cosa que sea necesaria.

Si hay algo que te asusta o te da miedo hacer, hazlo en primer lugar y así no tendrás tiempo para dar vueltas al asunto.

CAPÍTULO 4

Los niños:
¿Cómo vivir con y sin ellos?

Qué hacer cuando tu reloj biológico hace tictac

"¿Debería tener un bebé?... Y, si lo tengo, ¿cuándo?"

Éstas son dos de las decisiones más importantes a las que nos enfrentamos las mujeres. Pero, mientras que nuestras madres se planteaban este asunto en la veintena, el acceso de la mujer a mejores puestos y el retraso del matrimonio implican que hoy no lo pensemos hasta los 30 ó 40.

Claro está, la otra pregunta clave, sobre todo si tienes más de 35 años o no tienes pareja, es: **"¿Cómo puedo tener un bebé?"**.

Aunque varía de mujer a mujer, la **probabilidad de concebir y tener un bebé sano desciende después de los 35.** Por este motivo, el tictac de nuestro reloj biológico suena más que nunca a esta edad. Pero, hoy en día, hay muchas mujeres de treinta y tantos años que todavía no están seguras de si la maternidad está hecha para ellas. Otras saben que sí, pero sus parejas no desean lo mismo. Otras muchas tratan de quedarse embarazadas pero no lo consiguen...

La tensión resultante puede ser tan grande que nos distrae de otras cosas importantes de la vida, como nuestros trabajos, amigos y relaciones.

La clave para reducir el estrés está en **tomar la opción que os parezca correcta a ti y a tu pareja,** con independencia de lo que piensen los demás. En las siguientes páginas encontrarás algunos consejos sobre cómo enfrentarte a las cosas.

Cómo tomar la decisión...

PIENSA EN ELLO, PERO
¡NO TE OBSESIONES!

Pasar horas dando vueltas a todas las razones para tener, además de para no tener… no te lleva a ninguna parte. Te volverás loca porque los pros y los contras suelen equipararse.

Lo mejor es pensar en la maternidad a un nivel más profundo y emocional. Pregúntate: **"¿Cuánto deseo tener la experiencia de ser madre?".** Esto es muy diferente a sólo desear la experiencia de tener un bebé (es decir: tal vez te encante la idea de estar embarazada… pero no te atrae la idea de estar 20 años alimentando y manteniendo a un hijo).

PREGUNTA A TU HOMBRE QUÉ ES LO
QUE ÉL QUIERE

Como futuro padre, él debe tener **expectativas realistas** y darte todo el apoyo que necesitas. Tiene que aceptar que ya no podréis iros de fin de semana sin previo aviso, ni decidir salir a cenar en el último momento. Y también dispondréis de menos dinero para gastar en vosotros mismos.

Y, lo que es más importante, **aseguráos de tener un bebé por las razones correctas:** un "bebé-tirita" no salvará una relación agonizante; la paternidad es muy estresante e, incluso, puede sacar al a luz "grietas" que no habíais observado hasta entonces (como métodos de disciplina o diferentes expectativas familiares).

¿Y si él NO ESTÁ PREPARADO?

Dale tiempo. Si tu pareja es contraria a tener niños, no fuerces la situación ni intentes convencerle: él debe convencerse por sí mismo. Hagas lo que hagas, **no te quedes embarazada "por accidente"**. Puede ser tentador… pero siempre es mala idea.

Si estás deseosa de dar el gran paso, **ponte un plazo.** Cuando se cumpla dicho plazo, estáte preparada para tomar una decisión demoledora. Tal vez tengas que decidir qué es más importante para ti: el bebé o la relación. Lo principal es que, si quieres niños… necesitas una pareja que también quiera tenerlos.

Si decides marcharte, no pases todo un año preguntándote si podrías haber conseguido que cambiara de opinión… o si él lo habría hecho de todas maneras si te hubieras quedado embarazada. Aun en el caso de que hubieras logrado convencerle, pataleando y gritando (o, incluso peor… con un silencio resentido), los dos habríais acabado con una relación debilitada por las distintas expectativas que probablemente acabaría en años de hostilidad.

Sigue adelante y lucha por lo que quieres: te lo mereces.

NO TE PREOCUPES
SI NO TE GUSTAN LOS BEBÉS

Algunas mujeres miran a los niños de las amigas con auténtico deseo, mientras que a otras les resulta difícil aguantarlos y tienen que esforzarse por sonreír cuando les ven. Ninguna de estas actitudes determinará si vas a ser una buena madre. **Es un tópico, pero sí es diferente cuando son hijos tuyos.** Dicho esto, si no sientes ninguna necesidad de tener hijos, y tu pareja está de acuerdo, tal vez choques con las expectativas del resto. Si tus amigas y familia te ven feliz disfrutando de una vida sin niños, se preocuparán menos: lo importante es tu felicidad. Sin embargo, estáte preparada, pues tus sentimientos pueden cambiar y también los de tu pareja.

¿Y si estoy SOLTERA?

¿Qué tiene que hacer una chica soltera cuando su reloj biológico hace tictac... y no hay ningún hombre a la vista? Por alguna razón, una mujer soltera que expresa su deseo de tener un hijo no inspira compasión. **Hay un cierto aroma a culpa en torno al asunto:** "Si querías un hijo, ¿por qué no te lo pensaste hace 5 años? ¿Por qué no te has casado? Tal vez tengas problemas para comprometerte".

Quizá hayas invertido años en una relación o matrimonio que creías que acabaría en una familia... pero eso no ocurrió. O tal vez seas una madre soltera que desee tener otro hijo. **Y ahora, ¿qué?**

Hay opciones -como la adopción o utilizar un banco de esperma- y, aunque la mayoría de las mujeres se muestran recelosas ante la idea de ser madres *en solitario*, si no quieres perderte la experiencia de la maternidad... deberás considerar más en serio el asunto. Ten en cuenta que la **mayoría de las mujeres que deciden tener hijos *en solitario* afirman que lamentan no haber tomado antes la decisión.**

Está claro que cada día está más aceptado que las mujeres solteras tengan hijos. Las estadísticas demuestran que la mayoría de las madres solteras ya no son adolescentes: son mujeres de 30 años o más.

Cómo vivir con TU DECISIÓN

El que hayas decidido intentar tener un bebé no significa que todo vaya a ir bien. Intentar quedarse embarazada puede ser **una de las experiencias más estresantes y descorazonadoras en la vida de una mujer.**

Si lo habéis retrasado mucho, puede resultar tentador culparte a ti misma -o a tu pareja- por no haber empezado antes. Es importante recordar que tenías buenas razones para tomar las decisiones que tomaste en las circunstancias que vivías en su momento. Por ejemplo, tal vez tú y tu pareja decidisteis esperar porque no podíais asumir el gasto de un bebé. No pierdas la perspectiva e **intenta mantenerte positiva.**

Es vital que **conserves otros intereses y aficiones** para que el tener un bebé no sea tu único objetivo.

La llegada de un nuevo bebé

Pasar de ser una pareja a convertirse en padres no es nada fácil, sobre todo si lo haces con ciertos años. Después de media vida cuidando de ti misma, haciendo lo que te apetece y cuando te apetece, **de pronto, resulta difícil encontrar tiempo para vosotros.** Vuestra vida sexual puede cambiar, tienes que hacer malabarismos con los compromisos laborales y familiares, y tú y tu pareja tenéis que poneros de acuerdo en cómo educar a los niños.

Es una época de ajustes emocionante a la par que estresante… por lo que es importante acordarse de cuidar de ti misma. Aquí tienes algunos consejos:

DUERME SIEMPRE QUE PUEDAS

Sin lugar a dudas, ahora es cuando más privada de sueño estarás en tu vida, así que es importante que duermas tanto como te sea posible. Siempre que puedas, **duerme mientras duerma tu bebé,** y túrnate con tu pareja para las tomas de madrugada y atender al bebé durante el día: así, los dos tendréis la oportunidad de disfrutar de descansos ininterrumpidos. Además, puedes pedir a tu familia o amigos que vengan a cuidar del bebé mientras descansas.

COME BIEN

Sí, alimentar a tu bebé es lo más importante, pero **debes procurar tomar comidas sanas regularmente.** Pide a tu familia y amigas que te traigan la comida o la cena, o que te ayuden con la compra en este momento tan ajetreado.

SAL POR AHÍ

Da un paseo, siéntate en el parque, visita a una amiga: **lo que sea para salir de casa…** aunque sólo sea 10 minutos al día.

SÉ REALISTA

No te exijas demasiado. No importa si las tareas cotidianas como las rutinas de la casa y la compra quedan en segundo plano durante las primeras semanas. **Con el tiempo, volverás a la rutina habitual,** así que no tengas miedo y pide ayuda mientras tanto.

MÍMATE

Reserva algo de tiempo para ti si quieres conservar la cordura. Esto podría suponer pedir a tu pareja o a una amiga que cuide de tu bebé mientras te das un baño relajante, o tal vez simplemente disfrutes de unas horas sola para cortarte el pelo, practicar yoga o ir al cine. No te sientas culpable, este tiempo "para mí" te ayudará a ser una **madre más satisfecha y paciente.**

PASA TIEMPO
CON OTRAS MADRES

Es muy fácil sentirse aislada del resto del mundo cuando acabas de ser madre. Conocer a otras personas en la misma situación puede ser de gran ayuda. **Uníos a un grupo de padres** o quedad con otras parejas de las clases pre-parto para compartir consejos y preocupaciones.

MIMA Y CUIDA
A TUS OTROS HIJOS

La llegada de un nuevo bebé puede generar muchos celos en l@s hermanit@s. Para evitarlo, procura **prestarles atención cada día.** Hazles saber que les quieres y trata de involucrarlos al máximo en el conocimiento del nuevo bebé.

¡DISFRÚTALO!

Y sobre todo, procura **aprovechar este momento tan especial:** jamás se repetirá. Ser madre/padre es el papel más difícil y exigente de tu vida… pero también te aportará el mayor disfrute y satisfacción.

No te olvides de tu hombre...

Cuando llega un nuevo bebé, el amor que sientes es tan fuerte que **tu pareja queda relegada a un segundo plano.** He aquí cómo conseguir que no se sienta abandonado:

- **Reservad tiempo para hablar.** Buscad un momento, no hace falta que sea largo, que os vaya bien a ambos, en el que no tengáis hambre ni estéis cansados.

- **Haced turnos para escucharos** sin interrumpir durante cierto tiempo. Uno de vosotros podría hablar durante 5 ó 10 minutos sobre cualquier problema o ansiedad particular, mientras el otro escucha atentamente sin interrumpir. Después, el otro dispone de la misma cantidad de tiempo.

Es muy importante que no empléeis palabras que culpen o critiquen al otro. El objetivo no es atacaros mutuamente, sino **tratar de entender cuáles son los problermas.** Di: "Me siento abandonada cuando sales después de trabajar en lugar de volver a casa conmigo y el bebé" en vez de: "Me enfurece que pases tanto tiempo con tus amigos. Nunca te molestas en volver a casa a tiempo y, desde que hemos tenido al bebé, las cosas van peor".

Cuando os hayáis escuchado el uno al otro, marcháos y pensad en lo que se ha dicho. La primera reacción puede ser ira o rencor... tal vez desees llorar. Deja que estos sentimientos pasen y céntrate en lo que tu pareja dijo de verdad para obtener un entendimiento más claro de sus sentimientos. Después, cuando te sientas preparada, utiliza tus sentidos para comentar de nuevo el problema con tranquilidad. **Procurad buscar una solución que os satisfaga a los dos.**

Si tu vida sexual se ha visto afectada desde la llegada del bebé, hablad sobre ello. No sientas que sólo puedes hablar de sexo cuando estáis en la cama. Quizá os resulte más fácil comentarlo cuando estáis sentados en el sofá.

Reservad una noche para estar juntos y pasad tiempo de calidad recordando todo lo que os atrajo del otro en un primer momento.

Ser madre a los 40

Dicen que la vida empieza a los 40 y, para muchas mujeres hoy en día, también la maternidad. Actualmente, más mujeres que nunca están dispuestas a dar el paso después de los 35.

Sin embargo, **todavía existen algunos prejuicios sobre las madres mayores** debido al aumento del riesgo de los problemas de salud, tanto para la madre como para el bebé. Pero, en general, los bebés son más deseados por las mujeres de 30 y 40 años.

Las mamás mayores suelen disfrutar de **seguridad económica** y, en muchos casos, una relación más larga y estable, así como de la capacidad para tomarse un descanso en su carrera con la posibilidad de regresar.

Los estudios demuestran que los niños de madres mayores rinden **mejor en los tests de habilidades y talento,** y que las madres mayores están más dispuestas a dar el pecho.

Pero hay otras consideraciones a tener en cuenta si vas a tener hijos tarde: por ejemplo, cuando tu hijo tenga 10 años, tú tendrás en torno a 50 años y **menos energía para enfrentarte a las exigencias de la maternidad.** Además, es posible que acabes pagando los gastos universitarios cuando estés ya jubilada. Entre los problemas mencionados por las madres mayores detacan la infertilidad, altos índices de aborto espontáneo, embarazos ectópicos, anormalidades fetales y cromosómicas, y una mayor probabilidad de parto prematuro o muerte neonatal.

Existe también un **elevado riesgo de enfermedades durante el embarazo, como la eclampsia,** y un mayor índice de abortos espontáneos, anormalidades fetales y cromosómicas -como el Síndrome de Down-. Los niños de padres mayores presentan una mayor incidencia de esquizofrenia y trastornos genéticos. Aunque los médicos recomiendan tener hijos entre los 20 y los 35 años, las mujeres son las que deciden, y el número de mujeres que tienen niños por encima de los 40 se ha duplicado en el Reino Unido en los últimos 10 años. Si te estás planteando tener un niño a una edad madura, **quizá necesites una fertilización *in vitro*.** Conoce los riesgos para poder tomar una decision plenamente consciente.

Viajar con niños

Un bebé que llora o un pequeño con una rabieta cuando estás en pleno vuelo o en medio de un largo viaje en coche no es nada divertido. Pero, con un poco de **planificación previa,** puedes lograr que todo vaya sobre ruedas y que tus niños estén cómodos y felices.

He aquí cómo viajar con tu "pequeñín" y olvidarte de las pesadillas sobre llantos, pañales sucios y asuntos infantiles en general.

PROGRÁMALO BIEN

Si tu pequeño se queda dormido con facilidad, **procura iniciar el viaje en coche, tren o avión cuando esté más cansado.** Así, tendrás garantizada como mínimo 1 hora de paz antes de que haga falta entretenerlo. Si viajas con un recién nacido, empieza el viaje cuando esté "recién comido" y cambiado.

EN COCHE CON UN BEBÉ

Vayas de compras o en un viaje largo, tu bebé necesitará una sillita de seguridad para el coche. Viajar con un bebé en el regazo en cualquier asiento del coche es muy peligroso y, en algunos países, incluso ilegal. Recuerda: **nunca coloques una sillita "grupo 0" en un asiento de pasajero** con *airbag*, ya que podría provocar grandes daños en caso de accidente. Casi todos los coches nuevos tienen un dispositivo que permite inutilizar el *airbag* si fuera necesario.

EN EL AVIÓN

En vuelos largos, quizá puedas reservar una cuna para tu bebé, así que merece la pena ponerte en contacto con tu aerolínea. A menos que pagues por otro asiento, no dispondrás de uno y el bebé tendrá que ir en tu regazo durante todo el vuelo. Aprende a **utilizar toda la ayuda que te ofrezcan en el aeropuerto,** desde mozos que recogen el equipaje, zonas de juegos para niños en el aeropuerto hasta la tripulación, que te ayudará a entretener a los niños, calentará biberones y te proporcionará comida para bebés. Sonreír mientras pides algo puede obrar milagros a la hora de que te cuelen en la cola o te aceleren los trámites en el mostrador de inmigración. Cuando embarques, pregunta si el vuelo está lleno: la tripulación puede bloquear el asiento contiguo al tuyo si hay plazas disponibles.

MANTÉN A LOS **PEQUEÑOS**
OCUPADOS CON CUENTOS Y JUGUETES

A los niños les encanta la música. Es una excelente manera de entretenerlos en los viajes largos (sobre todo en coche), así que coge unos cuantos CDs que les gusten. Otro gran truco es una **cinta o un CD de cuentos** que puedan escuchar con unos cascos. Compra juguetes y libros nuevos para el viaje: les sorprenderá la novedad.

Planifica con antelación el descanso del pequeño y calcula las salidas de la autopista. Si se trata de un viaje largo, tendrás que hacer 2 paradas, lo que alargará el viaje 1 ó 2 horas. Acéptalo: **el viaje durará más,** pero al menos tendrás la oportunidad de tomarte un café y descansar, y los niños podrán correr durante un rato y quemar algo de energía.

Si vas a viajar en avión durante varias horas, trata a tu pequeño como si fuera en coche. **Lleva muchos cuentos y juguetes,** y déjale andar por el avión. No te preocupes por las azafatas: están acostumbradas a tratar con los niños... e incluso pueden ayudarte hablando con ellos o enseñándoles el avión.

El KIT DE VIAJE definitivo para la MADRE MODERNA

Siempre que viajes con tu bebé o hijo pequeño, necesitarás llevar contigo un equipo completo para poder alimentarlo, cambiarlo y entretenerlo. Esto es lo que debes incluir:

- ⭐ **Pañales:** lleva siempre el doble de los que creas que vas a necesitar.
- ⭐ **Toallitas húmedas:** excelentes para cara, manos y culetes.
- ⭐ **Cambiador...** o algo limpio que se pueda doblar como una toalla pequeña.
- ⭐ **Ropa de repuesto:** los accidentes son inevitables, desde un escape del pañal hasta zumo derramado.
- ⭐ **Comida y bebida:** lo peor que hay después de un niño cansado y pesado... es un niño cansado, pesado... y hambriento. Por eso, no salgas de casa sin las galletitas, los biberones y los zumitos.
- ⭐ **Juguetes:** lleva juguetes pequeños que no ocupen mucho y que se puedan reemplazar si se pierden o rompen.
- ⭐ **Gorras y crema solar:** la piel delicada se quema con facilidad, así que, aunque el tiempo no parezca prometedor, procura estar preparada para las insolaciones y quemaduras solares.
- ⭐ **Pañales para el agua y bañadores:** si existe la más mínima posibilidad de bañarse, mételos.
  Luego, no querrás perder el tiempo buscando una tienda para comprarlos.
- ⭐ **Botiquín:** debe incluir tiritas resistentes al agua, crema antiséptica, paracetamol o ibuprofeno, *after-sun* para calmar la piel quemada, repelente para insectos y alguna crema para calmar las picaduras por si os pican a los niños o a ti...

Cómo mantener el control

Cómo controlar las RABIETAS

Les has gritado, sobornado y amenazado, pero tus hijos siguen cogiendo rabietas escandalosas en el supermercado. Y, sinceramente, **ya no lo aguantas más.**

No te asustes: hay tácticas muy eficaces para que tú y tus hijos no acabéis convirtiéndoos en "enemigos declarados".

Los niños de 1 a 3 años no están siendo malos cuando cogen un berrinche… se comportan como dicta su edad. **Las rabietas son una parte normal del crecimiento.** Si se hacen más frecuentes, entra en acción.

Aquí tienes algunas sugerencias que te ayudarán a domar a tus *granujillas*:

MANTÉN LA CALMA
Nada acelera más la intensidad de una rabieta que un padre o madre enfadado. Ver que pierdes el control impedirá serenarse al pequeño. Así pues, **no discutas, no grites y nunca pierdas los nervios.**

DEMUÉSTRALES **AMOR**

La disciplina perfecta sólo puede darse en un entorno de amor. **Tu pequeño necesita sentir que es importante para ti** y saber que se le quiere, ama, respeta y cuida. Si los niños carecen de esto, resulta difícil y poco adecuado tratar de cambiar este comportamiento.

SÉ **CONSECUENTE**

Los niños pequeños necesitan saber dónde están los límites y qué se espera de ellos exactamente. Deberían sentir que **papá y mamá están de acuerdo** y, sobre todo, ¡al mando! Para evitar confundirles, la disciplina debe ser consecuente… y no depender de tu humor o del de tu pareja.

NO **CEDAS**

Aunque resulte difícil creerlo, los estudios demuestran que **tu pequeño quiere que estés al mando…** así que, no temas, sé firme. No importa lo tentada que te sientas, no cedas ante sus exigencias sólo para conseguir algo de paz. Al hacerlo, estás enviando mensajes confusos y alimentarás la próxima rabieta. Cuando te pongas seria, habla con convicción y, lo que es más importante, demuéstrala.

Muchos padres no soportan ver a sus hijos disgustados, pero **demostrar que la cosa va en serio** implica saber cuándo decir "no" y ceñirte a ello. Ceder ante las lágrimas hace que el niño piense: "Si lloro puedo conseguir lo que quiera".

HABLA CON CALMA

Gritar por encima de la voz de tu hijo **sólo le animará a gritar más alto.** Un tono de voz suave transmite a tu pequeño que tú tienes el control.

NO INTIMIDES

Puede ser muy intimidante para un pequeño tener a una persona mayor por encima. Inclinarse o sentarse en el suelo ayudará a poner fin a la situación, **facilitando la comunicación** con tu hijo.

PRUEBA CON LA DISTRACCIÓN

Algunos niños se distraen con facilidad durante una rabieta mientras que otros se ponen peor. Si tu hijo es de los que se distrae, **intenta leer un cuento** o pon una cinta, CD o vídeo favorito.

APRENDE A IGNORAR

Una técnica poderosa que transmite al niño que no se tolerará su mal comportamiento es... ignorarlo. Desarrolla una ceguera y sordera selectivas. Tu pequeño entenderá rápidamente que no es divertido montar el numerito si no hay nadie mirando.

El objetivo es no prestar **nada de atención** al comportamiento indeseable y así ocurrirá menos.

CONCEDE "TIEMPO MUERTO"

Para algunos niños, sobre todo los mayores, el "tiempo muerto" es un período de enfriamiento necesario. Enviar al pequeño a su dormitorio durante 10 minutos les enseña quién está al mando. Además, les da **tiempo para calmarse** y hacerse cargo de sí mismos y de la situación.

RECOMPENSA LO BUENO

Elogia a tu hijo siempre que regreséis a casa sin rabietas. **Recompensa el buen comportamiento con amor, diversión y atención... no con sobornos.**

Ahuyenta la culpa de la "mala madre"

A algunas madres trabajadoras les resulta difícil encontrar el equilibrio entre el trabajo y la vida. **No tiene sentido sentirse mal y estresada en ambos papeles,** y no querer abandonar uno de ellos.

Esto supone descubrir una forma de continuar trabajando sin sentirte como una loca culpable, que cree que está fracasando como madre y como trabajadora.

Tal vez tengas que realizar algunos cambios radicales en tu trabajo. Investiga la posibilidad de hacer **diferentes horas que encajen mejor** con el horario escolar o con los niños. Si esto no es posible, plantéate cambiar de empleo. Averigua si hay alguna empresa de tu sector que ofrezca más flexibilidad a las madres.

Quizá te fuera útil dar un **cambio total al sentido de tu carrera.** Por ejemplo, trabajar en una empresa financiera puede no ser tan adaptable como un sector completamente distinto como es la enseñanza. No temas intentar algo nuevo. Otra solución consiste en convertirte en autónoma, ya sea trabajando a media jornada o desde casa.

Explora en profundidad todas las opciones para encontrar el trabajo perfecto que encaje contigo y tu familia.

Cómo LOGRARLO

- **Acepta que eres una madre trabajadora** y que eso no es nada malo.
- **Deja de sentirte culpable.** Ahuyenta las voces interiores que te dicen cosas como… "Las buenas mamás se quedan en casa"…
- **No permitas que tus colegas te hagan sentir culpable.** Tienes que salir a las 5 porque eres una madre, no porque estés evitando tus responsabilidades.
- **Ignora las historias de la prensa** que dicen que las madres trabajadoras hacen daño a los niños. El factor más importante en el desarrollo de un niño no es si su madre trabaja o no, sino si ella es/no es feliz.
- **Contrata una buena niñera.** No quieres pasarte la jornada preocupándote por los niños. Estudia varias guarderías y cuidadoras antes de decidirte.
- **Cuenta con el apoyo de tu pareja,** de manera que sepas que él está ahí para ayudarte con la carga.
- **No busques la perfección.** No es posible ser una madre trabajadora y tener un hogar impoluto. Si lo pretendes, acabarás quemada. Si puedes permitírtelo, contrata una asistenta y no te sientas culpable por pedir comida a domicilio: siempre que los niños coman bien el resto del tiempo, la comida rápida o preparada no les hará ningún daño.
- **Explícales a los niños,** cuando tengan edad suficiente para comprender, las razones por las que vas a trabajar: para que puedan tener cosas agradables y la familia pueda permitirse hacer cosas juntos.
- **Crea una red** de familiares, amigos y vecinos que puedan ayudarte en caso de "crisis". Ofrécete a hacer lo mismo por ellos.
- **Céntrate en lo positivo.** Cuando hayas tenido un mal día, haz una lista de las cosas positivas por las que vas a trabajar y siéntete orgullosa porque tus hijos crecen sanos y felices.

Espacio para todos

Cómo crear MÁS ESPACIO

Un nuevo fichaje en la familia puede implicar que tengáis que mudaros a una casa más grande, ya que **os sentís demasiado apretados.** A menos que tengas la suerte de vivir en una casa grande con suficientes habitaciones para dedicar al bebé y al cuarto de juegos, cuando tenemos niños, nuestro espacio puede acabar dominado por los juguetes.

La mayoría de los padres están tan preocupados por cuidar del bebé y tratar de dormir algo que lo último que se les pasa por la mente es reorganizar el hogar. Pero, a medida que el bebé se transforma en niño, el espacio se convierte en un auténtico problema, ya que sus pertenencias se multiplican por 10.

La única solución es **organizarse y establecer algunas reglas:** a la larga se reducirá el estrés y volverás a tener el control de tu entorno.

7 maneras de CREAR MÁS ESPACIO

1 APROVECHA **CADA RINCÓN**

Examina los espacios de tu hogar para ver qué zonas podrían aprovecharse mejor. Un buen lugar para empezar podría ser un hueco o la zona sobre la cama. Estos espacios pueden utilizarse de manera más imaginativa que como estantería, y pueden transformarse en armarios o algo similar.

2 IMPÓN EL ORDEN **Y RESPÉTALO**

Puede parecer evidente pero, cuando tienes prisa, lo último que se te pasa por la cabeza es recoger y ordenar. Sin embargo, **los efectos del desorden en la mente pueden ser dramáticos,** transformando un poco de estrés en auténtica desesperación (sobre todo, los lunes por la mañana... cuando ha desaparecido la mochila... ¡otra vez!)

Imagina lo fácil que podría ser tu vida si supieras que estaba ordenado hasta el último rincón, lo libre que estaría tu mente sin un cargamento de "cosas" que esperan ser "clasificadas".

3 ESTABLECE **REGLAS PARA LOS JUGUETES**

No dejes que los niños traigan todos sus juguetes al espacio común a la vez. **Prepara una selección, repartiéndolos en cajas, y hazlos rotar semanalmente.** Así, el niño podrá jugar con juguetes distintos, y el espacio común seguirá siendo vuestro.

4 HAZ QUE LOS NIÑOS AYUDEN

Haz que recoger forme parte de la rutina de los niños. Pega fotografías de sus juguetes en el frontal de las cajas para que puedan encontrarlos fácilmente, y **procura que los cuentos estén a su alcance.**

5 TÍRALO ¡YA!

Cada vez que compres algo nuevo para los niños -ya sea un juguete o una prenda de vestir- **retira algo viejo.** Haz limpieza de cosas viejas, incluso antes de que te plantees buscar nuevas soluciones de almacenamiento.

6 NO SEAS SENTIMENTAL

Aprende a *discriminar*. Reserva una caja para recuerdos especiales, como los primeros dibujos de los niños, fotos y cosas así, pero **no te sientas tentada a guardarlo todo.**

7 CREAR ESPACIO PARA MAMÁ Y PAPÁ

Para conservar la *cordura*, es importante que dispongáis de una zona "exclusiva para adultos" donde disfrutar de un poco de paz y tranquilidad. Puede ser vuestro dormitorio o un estudio: cualquier sitio donde podáis leer, escuchar música o hacer cosas "de mayores". **No te sientas culpable por excluir a los niños...** es importante para que comprendan que existen límites. Además, tener un espacio para escapar te ayudará a reducir el estrés y te convertirá en una madre (o padre) más feliz a largo plazo.

Dilemas del cuidado infantil

CÓMO ELEGIR quién cuida al NIÑO

Encontrar a alguien que cuide de los niños -ya sea una persona en casa o una guardería- es **una de las decisiones más difíciles que debe tomar un padre.** Aparte de la dificultad de separarte de tu pequeño cuando vuelves a trabajar, también necesitas confiar plenamente en que estarán seguros y bien cuidados.

CÓMO ELEGIR LA GUARDERÍA

Procura **mirar por lo menos 3 ó 4 sitios** antes de decidir dónde llevar a tu niño. Cualquier lugar que se precie, te permitirá pasar una mañana observando a los niños con el personal para convencerte de si es un sitio apropiado para dejar a tu hij@.

No temas hacer preguntas. Las buenas cuidadoras contestarán tus preguntas y estarán dispuestas a mostrarte las salas y el espacio exterior que tu hijo usará. Éstas son las nueve cosas más importantes que debes averiguar:

1 ¿Están los niños relajados y parecen pasárselo bien?
2 ¿Escuchan las cuidadoras a los niños y participan en sus actividades?
3 ¿Las cuidadoras parecen amables e interesadas en los niños?
4 ¿El centro tiene un aspecto limpio y acogedor?
5 ¿Existe una zona de juegos segura en el exterior?
6 ¿Hay muchos juguetes y distintas actividades para los niños?
7 ¿El espacio está adaptado a los niños, con muebles de su tamaño y dibujos en las paredes?
8 ¿Son las cuidadoras amables contigo y con los niños a su cargo?
9 ¿Son seguras las instalaciones, están las cuidadoras al tanto de quién entra y sale del local?

CÓMO ELEGIR NIÑERA

Si prefieres que sea una persona quien cuide a tu hijo, es aún más importante **escoger a alguien en quien confíes y con quien tu hijo se sienta bien.** Éstas son algunas de las preguntas que deberías plantear:

1 ¿Cuánto tiempo llevas trabajando con niños?
2 ¿Qué formación tienes?
3 ¿Por qué te gusta tu trabajo?
4 ¿Qué harás durante el día con mi hijo?
5 ¿Puedo ver tu título certificado?

CÓMO ACTUAR cuando OTRA PERSONA cuida de tu pequeño

MANTÉNTE EN CONTACTO

Llama con frecuencia para preguntar como está el niño y qué han estado haciendo. Dile que te informe de todos los nuevos "avances y logros" para no perderte nada.

QUE SEPAN LO QUE ESTÁS HACIENDO...

Cuéntales cómo te va el día. Tus hijos se sentirán más unidos a ti si saben lo que haces a lo largo del día. **Planea una visita de tu hijo a la oficina a la hora de la comida** para que vea dónde trabajas.

FINES DE SEMANA DIVERTIDOS

Prepara actividades individualizadas y salidas familiares. Ir al cine o practicar deporte **ayudará a compensar el tiempo que estáis separados** y reforzará la unión con los niños.

TIEMPO PARA HABLAR

Charlar con los niños en la cena y arroparlos en la cama cada noche **te ayudará a que estéis más unidos.** Sólo 20 minutos al día harán que os sintáis una parte importante de la agitada vida del otro.

PIDE SALIDAS EN EL TRABAJO

Pide 1 día libre con antelación para asistir a cualquier función o actividad importante en la que participe tu hij@. **Se sentirá seguro** al saber que él/ella es tu prioridad.

¡Socorro! ¡A mi marido le gusta la niñera!

Es uno de los grandes tópicos: un hombre que tiene todo, que está profundamente enamorado de su esposa… pero que no puede quitarle las manos de encima a la niñera.

¿Por qué lo hacen? ¿Por qué arriesgar su matrimonio, hogar y familia por un poco de diversión? Y, afrontémoslo, la mayoría de las veces no es más que eso: **sexo sin ataduras en su propio hogar.**

La mayoría de los hombres no tienen intención de separarse para irse con la niñera. Pero, para algunos, una mujer joven y disponible en su casa es **una tentación irresistible.** La ironía es que el papel de la niñera debería ser el de dar estabilidad a la vida de tus hijos y de la familia en general… y no el de romper tu relación.

Pero, parte de la culpa debe atribuirse a las ideas anticuadas sobre las mujeres que entran en casa. Algunos hombres, cuyas esposas llevan vidas ajetreadas, ven en la niñera a alguien más dispuesto a cuidar de ellos que su esposa, igual que hicieron sus madres. Está también la cuestión del poder: un hombre puede sentirse más poderoso con la niñera que con una esposa con una profesión y sueldo propio.

Otro asunto importante puede ser la confusión de papeles cuando otra mujer entra en el corazón del hogar. Para algunos hombres, ver que alguien más cuida de sus hijos puede hacerles **confundir los límites entre el deseo sexual y la maternidad…** con resultados catastróficos.

Cómo evitar la
TRAMPA DE LA NIÑERA

Piénsatelo dos veces antes de contratar los servicios de una niñera. Traer a alguien nuevo a tu hogar alterará el equilibrio. ¿Estás preparada para ello? Si no lo estás... plantéate la opción de la guardería antes de invitar a nadie a vivir con vosotros.

No elijas a una niñera joven y guapa. Triste, pero cierto. Aunque tengas el marido más fiel y enamorado del mundo, ¿de verdad quieres a alguien tan estupendo cada día en tu casa? ¡Piensa en la presión por competir! Si esto no te parece justificación suficiente, recuerda que las niñeras mayores tendrán más experiencia con los niños.

Contrata un "niñero". Una solución para evitar que tu marido se escape con la niñera es contratar a un "niñero". ¡Pero... ten bien claro que no vayas a verte tentada a iniciar una *aventurilla* tú!

Clase magistral para padres

Ser madre/padre es **una de las mejores y más gratificantes tareas del mundo**, pero cualquiera que lo haya "probado" estará de acuerdo en que también es una de las más duras.

Es un trabajo de 24 horas al días, 7 días a la semana… que será tuyo para el resto de tu vida.

La mayoría desea ser **"la madre (o padre) perfect@":** amoros@, creativ@, dign@ de confianza y divertid@. Sin embargo, procura que el deseo de ser la madre perfecta no eclipse la simple satisfacción de tener hijos.

Lo que todas solemos olvidar es que no existe la madre/padre perfect@. **Incluso las madres/padres más abnegad@s, a veces hacen cosas que no quieren,** como dar un azote o gritar y jurar delante de los más pequeños… Forma parte *del paquete.*

Así pues, concédete **permiso para cometer errores.** No podrás perdonar a tus hijos si no eres capaz de perdonarte a ti misma.

A veces me siento frustrada, ¿ES NORMAL?

Claro que sí. **Todas las madres y padres se estresan.** Los niños absorben una gran parte de tu tiempo y energía. Y, además, cuentas con los problemas cotidianos como las preocupaciones por el trabajo, las facturas o tus relaciones.

Para ser una buena madre (o padre) tienes que **cuidarte.** Eso supone reservar tiempo para ti: todos necesitamos un descanso de vez en cuando.

Tú y tu pareja deberíais **hacer turnos para salir.** Por ejemplo, pídele que se quede con los niños para ir a ver a una amiga. También estableced turnos para dormir más los fines de semana.

Es fácil perder los nervios con los niños y **no hay nada malo en enfadarse...** pero no es justo que lo pagues con ellos. Cuando estés muy enfadada, tómate un descanso. Lleva a los niños a dar un paseo o llama a una amiga para que te eche una mano.

¿Dar o no dar
UN AZOTE?

Dar un azote no es la mejor forma de instruir en la disciplina. El objetivo de ésta es enseñar autocontrol a los niños y **dar un azote les enseña a dejar de hacer algo por miedo.**

Existen muchas técnicas más eficaces que no causan dolor físico y no hacen que los padres se sientan culpables por haber hecho daño al niño.

Un método excelente para imponer disciplina en niños pequeños es el llamado **"redireccionamiento".** Cuando redireccionas a un niño, sustituyes un mal comportamiento por uno bueno. Por ejemplo, si no se permite jugar al balón en casa, saca al niño fuera.

En el caso de niños mayores, intenta que **vean y comprendan las consecuencias de sus actos** y que se hagan responsables de ellos. Por ejemplo, puedes explicar a tu hijo que todos tuvisteis que esperar para cenar porque no había puesto la mesa cuando debía... Por lo tanto, como no puso la mesa antes de cenar, tendrá que lavar los platos después.

El catecismo de la buena madre

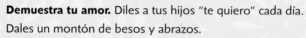

Demuestra tu amor. Diles a tus hijos "te quiero" cada día. Dales un montón de besos y abrazos.

Escucha a tus hijos cuando te hablen. Escuchar a tus hijos les enseña que son importantes para ti, y que estás interesada en lo que tienen que decir.

Haz que tus hijos se sientan seguros. Tranquilízalos siempre que estén asustados. Demuéstrales que has tomado medidas para protegerlos.

Pon orden en sus vidas. Establece un horario regular de comidas, siestas y baños. Si tienes que modificar la rutina, coméntales los cambios con antelación.

Elogia a tus hijos. Cuando tus hijos aprendan algo nuevo o se comporten bien, diles que estás orgullosa de ellos.

Critica el comportamiento, no al niño. Cuando tu hijo cometa un error, no digas: "Has sido malo". En su lugar, explícale lo que ha hecho mal; por ejemplo, di: "Es peligroso cruzar la calle sin mirar". Después, dile al niño lo que tiene que hacer: "Primero, mira a los dos lados por si vienen coches".

Sé consecuente. Procura que las normas sean siempre las mismas. Tus normas no tienen que ser las mismas que tengan otros padres, pero sí deben ser claras y consecuentes. Si dos personas educan a un niño, ambas deben emplear el mismo conjunto de normas. Además, debes intentar que l@s canguros y familiares también conozcan y respeten dichas normas.

Pasa tiempo con tus hijos. Haced cosas juntos como leer, pasear, jugar y limpiar la casa. Lo que quieren los niños es que les prestes atención... ¡Y el mal comportamiento suele ser su manera de conseguirla!

Consejos para madres en solitario

Como madre soltera/*en solitario*, puedes enfrentarte a ciertos prejuicios, pero no dejes que nadie te haga sentir menos valiosa que una familia biparental. En realidad, tiene sus ventajas…

Tener padre y madre bajo un techo no garantiza que la armonía y el amor prevalezcan en el hogar… más que teniendo una madre en casa durante el día que vele por el equilibrio y felicidad de sus hijos.

Lo que importa es la calidad de la relación madre-hijo. Las madres que se sienten realizadas no son sólo un buen ejemplo para sus hijos, sino que además son personas más felices. Las investigaciones demuestran lo que marca el sentido común: las mujeres más felices son madres más felices, con o sin pareja, trabajando o en casa.

En la última década, varios estudios investigaron los efectos del trabajo de la madre sobre los hijos. Descubrieron que lo más importante era la **calidad del cuidado de los niños** y la intimidad del vínculo madre-hijo, y no si la madre trabajaba o no.

Sí, resulta **difícil y desalentador criar hijos en solitario,** sobre todo si tratas de mantener una carrera profesional al mismo tiempo, pero una maternidad buena y sólida tiene menos que ver con el número de congéneres en el hogar, y mucho con la calidad de la actividad maternal/paternal.

SIÉNTETE BIEN

Comienza con una **actitud positiva** y concéntrate en las ventajas de ser madre *en solitario*, como tener menos conflictos en el hogar. Muchas madres que acaban de salir de una mala relación sentimental valoran la recién encontrada libertad e independencia, y se sienten muy emocionadas respecto al futuro.

NO ASUMAS TODA LA CARGA

La madre *en solitario* se siente a veces superada por la responsabilidad, las tareas y la sobrecarga emocional. **Es importante que pidas ayuda cuando sea necesario.** Asigna a tus hijos tareas adecuadas en la casa, y pide a otras madres que te ayuden a llevarlos al colegio o a clases extraescolares.

SÉ UNA MADRE, ¡NO UNA COLEGA!

Establece límites claros y firmes que no dejen lugar a dudas de que tú eres la jefa de la casa. Las madres *en solitario* suelen cometer el error de permitir que los niños se conviertan en colegas. Esto puede crear auténticos problemas: los niños necesitan límites y una disciplina consecuente que proporcione **pautas y expectativas claras** de comportamiento. Deja que los niños sean niños… y busca apoyo en otros adultos.

ACEPTA QUE ESTÁS HACIÉNDOLO LO MEJOR QUE SABES

No importa lo competente y amorosa que seas, sigues siendo una sola persona que **está haciendo una tarea pensada para 2 personas.** No permitas que tus hijos te manipulen haciéndote sentir culpable. Recuérdales que debéis trabajar en equipo. ¡Felicítate por un trabajo bien hecho!

CREA ESTABILIDAD

Los niños necesitan estabilidad y seguridad, sobre todo si su mundo se ha tambaleado después de un divorcio. **Hazles saber lo mucho que les quieres** y lo orgullosa que estás de ellos. Estáte a su lado cuando te necesiten o si algo va mal.

CUIDA DE DE TI MISMA

Es importante para el bienestar de tus hijos que cuides de ti misma, pues una madre estresada acaba transmitiendo el estrés a sus hijos. Claro está, habrá ocasiones en que sientas que necesitas un descanso. Planifícalo y **pide a amigas/familiares que te ayuden** cuidando de los niños una tarde para que puedas salir a cenar o a hacerte una limpieza de cutis. También deberías prestar especial atención a comer sano, hacer ejercicio y dormir bien, pues aumentarán tus niveles de energía.

CONSIGUE APOYO

Probablemente una de las cosas más importantes que una madre *en solitario* debe hacer es desarrollar una red de personas que puedan ofrecerte apoyo emocional, compañía o ayuda con el cuidado de los niños o en caso de emergencia. **Elige amigos de confianza** que estén a tu lado en momentos de necesidad.

Si vives lejos de tu familia, **busca un grupo de apoyo para madres y padres *en solitario*.** Los hay en muchas ciudades y ofrecen la oportunidad para conocer a personas en tus mismas circunstancias.

TEN EXPECTATIVAS REALISTAS

Concéntrate en los días en que las cosas van bien, no en los que todo parece salir mal.

Plantéate metas realistas como familia y tratad de conseguirlas juntos. Planea la diversión con antelación, ya sea 1 semana de vacaciones o 1 día en el zoo. Y, lo que es más importante, felicita a tus hijos cuando hagan bien las cosas y **felicítate a ti misma por cuidar de ellos *en solitario*** . . . y por hacerlo tan bien.

CAPÍTULO 5

Salud
y belleza

El laboratorio del sueño

Casi todas nosotras necesitamos dormir entre **7 y 9 horas cada noche** para sentirnos bien, pero... ¿quién puede hacerlo? Con los deberes y actividades de los niños, el trabajo y las tareas domésticas... a veces parece imposible encontrar tiempo para *cerrar el ojo*. Pero irse a la cama es otra tarea más: es vital para funcionar correctamente.

Las personas que duermen menos de lo que su cuerpo necesita acumulan lo que los expertos denominan **"deudas de sueño".** Éstas aumentan con el tiempo y conducen a cambios de humor y depresión. También pueden afectar a la parte del cerebro que mejora la memoria y el aprendizaje.

Incluso una pequeña deuda de sueño puede tener graves efectos. Se ha descubierto que **la deuda de sueño reproduce algunos de los efectos del envejecimiento** y aumenta la gravedad de enfermedades asociadas a la edad (obesidad, diabetes e hipertensión). Las investigaciones han demostrado que dormir lo suficiente hace que las personas estén más alertas, sean más productivas y, consecuentemente, más felices en la vida.

CÓMO SENTIRTE como si hubieras domido 8 horas ¡aunque sólo hayas dormido 3!

Para estar en forma y poder enfrentarte a todo lo que la vida te plantea, **es necesario dormir bien cada noche.** Si no lo estás haciendo, los siguientes trucos y consejos deberían ayudarte a mejorar la calidad y cantidad de sueño.

CREA UN **REFUGIO DEL SUEÑO**

Procura que tu dormitorio esté silencioso, oscuro y cómodo. A muchas personas les resulta difícil dormir **incluso con el más mínimo ruido o luz** (como el tictac de un reloj o la luz de un ordenador o televisor). Instala persianas o cortinas… lo que sea necesario para convertir tu habitación en un lugar perfecto para dormir. La temperatura ideal es de moderada a fresca -demasiado calor podría resultar molesto-.

MANDA A **LOS NIÑOS A LA CAMA** PRONTO

Aunque sea breve, necesitas tiempo para esparcirte desde que los niños se vayan a la cama hasta que tú te vayas a dormir. Los niños más mayores deberían estar en su habitación a una hora determinada, aunque no estén dormidos. Los bebés y pequeños estroperán hasta el plan más perfecto, pero trata de regular su hora: **imponer una hora de acostarse temprana** te ahorrará problemas… y te permitirá disfrutar de un "atisbo de vida adulta".

RESERVA LA CAMA PARA **DORMIR Y PRACTICAR SEXO**

Evita ver la tele, comer y comentar asuntos emocionales en la cama. La cama debería utilizarse únicamente para dormir y practicar sexo. Si no, **puedes acabar asociando la cama con otras actividades** que te impiden quedarte dormida. Si todavía tienes cosas en la cabeza al irte a la cama, anota tus preocupaciones en un papel y déjalo en una habitación distinta. Seguirán ahí cuando te levantes, así que no hay motivo para preocuparse por ellas durante la noche.

RELÁJATE

Deja cualquier cosa que exija concentración o que te cause estrés 30 minutos antes de irte a la cama. Según los expertos del sueño, **¡las actividades que más inducen al sueño son las aburridas!** Debes hacer algo que aparte de tu mente el intentar quedarte dormida pero que, al mismo tiempo, sea lo bastante aburrido para no estimular al cerebro. Volver a leer un libro o planchar es perfecto.

RECORTA LA **CAFEÍNA**

La cafeína pueden mantenerte despierta y puede **permanecer en tu cuerpo mucho más tiempo de lo que crees...** hasta 14 horas. Así pues, si bebes 1 taza de café al mediodía y sigues despierta a medianoche, éste podría ser el motivo. Dejar de tomar cafeína de 4 a 6 horas antes de irte a la cama puede ayudarte a quedarte dormida con más facilidad. Si ya has tomado demasiada cafeína, prueba a ingerir carbohidratos, como el pan o las galletas, para reducir los efectos.

PROHIBIDO EL **ALCOHOL**

El alcohol puede ayudarte inicialmente a quedarte dormida, pero a medida que tu cuerpo lo elimina de su sistema, también puede causar síntomas que perturban el sueño, como pesadillas, sudores y jaquecas. **Bebe 1 vaso de agua por cada bebida alcohólica consumida** para reducir estos síntomas. Y procura no beber nada después de las 8 de la tarde... para evitar tener que levantarte al cuarto de baño.

COME BIEN, DUERME BIEN

Procura no irte a la cama con hambre, pero **evita las comidas pesadas antes de acostarte** ya que pueden causarte indigestión o reflujo ácido (que consiste en que los contenidos del estómago retroceden hasta el esófago). Si cenas tarde (lo cual puede ocurrir si cenas con tu pareja después de que lo hayan hecho los niños), los médicos aconsejan dormir sobre el lado izquierdo. El motivo es que el estómago está situado en el lado izquierdo del cuerpo, y el esófago entra en él por la derecha. Tumbarte sobre el lado izquierdo supone que el esófago estará más elevado, alejando los contenidos del estómago y evitando así el reflujo.

ACABA CON LOS RONQUIDOS

Si tus hijos no te molestan al dormir, ¡puede que tu pareja sí lo haga! Si ronca, recomiéndale que duerma de lado, utilice tiras nasales o reduzca el consumo de alcohol. La tensión alta, el sobrepeso o las alergias pueden contribuir a los ronquidos.

HAZ EJERCICIO, PERO NO DEMASIADO TARDE

Si tu cuerpo está fatigado por haber hecho ejercicio, dormirás mejor. Así pues, acaba cualquier ejercicio aeróbico al menos 2 horas antes de irte a la cama. **El ejercicio regular puede ayudarte a dormir bien.** La duración y la intensidad del ejercicio parece jugar un papel importante en el sueño. Si eres el tipo de persona que está más alerta después de hacer ejercicio, será mejor que no lo hagas por la tarde.

RESPETA TUS HORARIOS

Evita dormir durante el día o dormir hasta tarde el fin de semana. Si saliste por la noche el sábado, dormir el domingo por la mañana no es la respuesta, ya que esto desbaratará aún más tu reloj corporal. Si tienes hijos, tampoco podrás dormir por la mañana pues los niños te mantendrán en acción. Procura levantarte a la misma hora que durante la semana y luego vete a la cama pronto el domingo por la noche. Esto te ayudará a normalizar tu patrón de sueño y a evitar una terrible mañana de lunes.

¿SIGUES SIN PODER DORMIR?

No te estreses si crees que no duermes lo suficiente. Sólo empeorará las cosas. Acepta que dormirás con el tiempo. Si no consigues quedarte dormida en 30 minutos, **sal de la cama y haz algo aburrido** con luz tenue hasta que comiences a sentir el sueño.

TENTEMPIÉS que te ayudan a dormir

Muchos alimentos contienen compuestos que ejercen un efecto relajante sobre el cerebro. Comer las cosas apropiadas antes de irte a la cama te prepara para dormir. Los científicos creen que **los sedantes naturales estimulan al cerebro para que así produzca sustancias calmantes,** que generan una sensación de sueño.

Si te resulta difícil quedarte dormida, come uno de estos "tentempiés adormecedores" 40 minutos antes de ir a la cama para propiciar el sueño.

MIEL CON TORTAS DE AVENA

Preparación

No tienes más que untar 2 tortas de avena con miel pura.

¿Por qué funciona?

Debido a su alto contenido en azúcar, la miel es *soporífera*, **aumenta los niveles de serotonina** e induce a la tranquilidad. Si quedarte dormida es un problema, tomar miel antes de irte a la cama te puede ayudar. La nutricionista Dra. Judith Wurtman cree que puede ser tan eficaz como un somnífero, pero sin el efecto secundario del adormecimiento matutino. Además, las tortas de avena contienen carbohidratos, que estimulan la producción de la hormona responsable de que nos quedemos dormidos después de comer.

BATIDO FRESCO DE FRESAS Y PIÑA

Preparación

Corta en pedacitos 10 fresas; limpia y trocea 2 rodajas grandes de piña fresca. Luego, bate todo junto con 300 ml de leche semidesnatada.

¿Por qué funciona?

La leche contiene **opiáceos naturales,** llamados casomorfinas, que nos hacen sentir adormilados. La piña contiene bromelina, una enzima que facilita la digestión, lo que implica que la comida no permanecerá en tu estómago y no te impedirá dormir.

Piel supercuidada

En ocasiones, la belleza está bajo la piel: **no hay nada mejor que una piel fresca y sin arrugas.** Pero, a medida que envejecemos y nuestras hormonas fluctúan, nuestra piel puede cambiar. El estrés, tener hijos y la menopausia pueden desencadenar problemas como la pigmentación y la sequedad.

El secreto para tener una tez resplandeciente es mantener una dieta sana y equilibrada, beber mucha agua, dedicar tiempo a cuidarte para reducir el estrés y elegir los productos idóneos para cuidar tu piel. Tampoco se debe infravalorar la importancia de una limpieza y una protección de la piel adecuadas. **Cuida bien tu piel y mantén las manchas bajo control.**

Claro está, nuestra piel envejecerá, pero gracias a algunos sorprendentes avances de la cosmética y productos cutáneos, **puedes intentar retrasar el proceso.**

Cómo cuidar tu piel MIENTRAS ENVEJECES

LOS 30

Es la década en que la piel puede **comenzar a perder su esplendor juvenil,** pues se ralentiza la producción celular. El humo, el alcohol, la contaminación y el sol provocan un envejecimiento prematuro, y la exposicion excesiva a cualquiera de ellos durante la veintena comenzará a pasar factura en forma de líneas alrededor de los ojos y la boca. El colágeno y la elastina se debilitan, y las arrugas forman "líneas de expresión". La piel se vuelve más apagada y se recupera peor de las salidas nocturnas y el estrés.

Qué puedes hacer:

- Utiliza protección con factor 25, ponte un sombrero o a la sombra.

- Cambia a una hidratante más rica.

- Para dar brillo a tu piel, elimina las células muertas con un producto que contenga alfahidroxiácidos.

- No te pongas mucho maquillaje. Elige sombras de ojos y colorete en tonos claros, y un lápiz de labios mate.

LOS 40

La velocidad con la que la piel se renueva se lentifica mucho a los 40. Cualquier signo de cansancio se evidencia de inmediato en el rostro y las venillas se hacen más visibles. Los sistemas circulatorio y linfático también se resienten, lo que puede provocar hinchazón alrededor de los ojos. **Sin embargo, las hormonas juegan el papel más importante en la menopausia,** y la caída de los estrógenos puede debilitar y resecar la piel.

Qué puedes hacer:

- Utiliza protección solar con factor 25 para evitar un mayor daño celular.

- Aplícate tratamientos faciales para mantener la piel sana.

- Utiliza una crema con retinol para exfoliar y reducir las arrugas.

- Evita el maquillaje de labios y ojos oscuro, ya que acentúa las arrugas. Opta por los tonos melocotón, rosa y beis, y elige una base de microminerales.

LOS 50

Si no te has protegido la piel, el daño solar se reflejará en arrugas, venillas y manchas de pigmentación. Puedes observar **un aparente aumento en el tamaño de los poros** (no es que se hayan hecho más grandes, lo que ocurre es que la piel que los rodea se engrosa con la edad y hace que sean más pronunciados). El descenso de los estrógenos disminuye la producción de grasa, lo cual reseca la piel.

Qué puedes hacer:

- Acude a un dermatólogo para que determine las necesidades de tu piel: descubrirás que son muy distintas a las del *pasado*.

- Aplícate una hidratante rica con factor 25, pues la protección continuada evitará un posterior deterioro.

- Si optas por eliminar las arrugas con *Botox*, asegúrate y acude a un buen profesional, pues son muchos los efectos secundarios.

- El maquillaje debería potenciar tus rasgos. Opta por una base que refleje la luz, y colores pálidos en los labios. Evita las sombras de ojos en polvo, ya que resaltan las arrugas.

Los 5 SECRETOS DE LA PIEL
que siguen "las expertas"

1 **Reciben tratamientos faciales regularmente.** Todas las pieles necesitan que las mimen de vez en cuando, pero las "expertas" conocen las virtudes de una limpieza facial al mes.

2 **Invierten dinero en sus ojos.** Las "expertas" no escatiman en contorno de ojos. La piel que rodea a los ojos es muy fina y, por lo tanto, propensa a las arrugas. Un poquito de crema puede evitar y reducir las arrugas y finas líneas.

3 **Utilizan la limpiadora adecuada.** Si tienes la piel grasa y propensa al acné, prueba un gel que contenga ácido salicílico. Si la tienes seca y sensible, necesitas una limpiadora -en crema o leche- con ingredientes calmantes como la camomila o el aloe.

4 **Se alejan del sol.** Ponte un sombrero, aplícate crema solar con un factor de protección elevado y no acudas a UVA.

5 **No abusan de la exfoliación.** Por mucho que nos guste ayudar a nuestra piel a eliminar todas sus impurezas, lo cierto es que algunas grasas son necesarias porque sirven como barrera. Utiliza exfoliante sólo 1 vez a la semana para evitar la irritación.

El acné en la edad adulta

La última pesadilla de las mujeres estresadas es el acné. Los dermatólogos informan de una alta incidencia entre las mujeres de 30 y 40 años.

Los adolescentes con acné solían consolarse pensando que, con el tiempo, se librarían de los granos… pero **muchas mujeres los sufren de adultas por primera vez en su vida.** Las que padecen acné presentan una alta sensibilidad en las glándulas sebáceas a niveles normales de la hormona masculina testosterona. Las células que rodean el folículo capilar se vuelven pegajosas en lugar de *mudarse*, bloqueando el conducto e impidiendo el escape de grasa y piel muerta. Las bacterias se multiplican en torno al bloqueo provocando una inflamación (lo cual produce manchas rojas).

En el caso del acné tardío, **una de las principales causas es el estrés,** que aumenta la producción de la hormona masculina. La dieta puede ayudar a potenciar el problema -los estudios han relacionado un exceso de carbohidratos azucarados con el empeoramiento del acné-, pero no es una causa. Tampoco lo es no cuidarse la piel; en realidad, una limpieza excesiva priva a la piel de grasa, lo que hace que produzca más… y aparezcan más granos. Lo mejor es una limpiadora suave y una hidratante sin grasa que mantenga la piel libre de arrugas.

Cómo COMBATIRLO

El primer tratamiento para un acné leve o moderado es una crema o gel tópico que contenga peróxido de bencilo (aunque esto puede dejarte la piel irritada y enrojecida…).

Tu médico puede recetarte antibióticos orales y algunas píldoras anticonceptivas. **El fármaco más potente que existe es el *Racután*,** que ha revolucionado el tratamiento del acné. Es muy eficaz, pero tiene efectos secundarios desagradables, como complicaciones hepáticas o depresión, y sólo puede recetarlo un dermatólogo. Lo más novedoso es un tratamiento con láser, que mata las bacterias de la piel. Parece que funciona bien en el caso de un acné muy enrojecido e inflamado. Si tu acné persiste, prueba a reducir tus niveles de estrés.

Tiempo para ti

Irritabilidad, frustración y sentirse a punto de llorar pueden ser síntomas de que no has dejado tiempo suficiente en tu horario para esparcirte y relajarte… y puedes estar sintiendo los efectos de un aumento del resentimiento -combinado con el agotamiento- producto de la falta de sueño.

Los cambios de humor premenstruales son normales, pero ten cuidado con los cambios de humor persistentes o inusuales. Disfrutar de "tiempo para mí" es algo esencial para la salud mental de cualquiera… y más para aquellas personas que están al cargo de una familia. Debes **cuidar tus necesidades para así mantenerte lo bastante centrada y fuerte para cumplir las exigencias de tu estilo de vida.** He aquí algunas formas para mejorar tus perspectivas y robar algo de tiempo para ti en un horario apretado…

MAÑANA TRANQUILA

Las mañanas pueden ser frenéticas y muy activas. **Comienza el día con buen pie caminando 15-20 minutos antes de** tomar un café temprano y leer un libro, meditar o hacer unos cuantos estiramientos. Procura no hacer nada "doméstico" hasta que el resto de los miembros de la familia comiencen a levantarse.

ÉCHATE UNA SIESTA

Un sueñecito de 15 minutos **puede obrar maravillas para regenerarte.** Una siestecita justo antes de recoger a los niños en el colegio te dará energías para continuar toda la tarde. Si trabajas durante la semana y esto no te resulta posible, intenta encontrar tiempo para echar una siestecita el sábado o el domingo por la tarde.

NUEVAS PERSPECTIVAS

Si te sientes estancada en tu rutina de vida diaria o abrumada por un montón de responsabilidades, dedica algo de tiempo a huir de lo cotidiano **intentando algo completamente nuevo.** Puede tratarse de algo tan sencillo como una clase de un ejercicio que nunca hayas practicado, asistir a una conferencia o visitar una exposición, o tan aventurero como saltar en paracaídas o hacer senderismo. Hasta la actividad más pequeña puede despertar tu cerebro y hacerte sentir renovada.

UN DÍA EN **EL BALNEARIO**

Encontrar tiempo para hacerte una limpieza de cutis, un corte de pelo, un masaje o la manicura puede resultar tarea imposible. Para evitar sentirse decepcionada cuando no lo consigues, reserva un día en un balneario una vez al mes. **Imagínatelo como una "minivacación"** y te parecerá que has disfrutado de un merecido descanso del resto del mundo.

Soluciones de última hora

En ocasiones, encontrar tiempo suficiente para cepillarte el pelo o maquillarte puede ser todo un desafío. Pero cumplidos los 20, ir con la cara lavada no es una opción... **debes estar perfectamente arreglada en todo momento,** pero en el menor tiempo posible.

Racionaliza tu NECESER

Adopta un *enfoque minimalista* de los cosméticos, reduciendo tu equipo de belleza hasta los 10 "productos clave" que necesitas de verdad:

1 Base de maquillaje

Elige un producto de cobertura media, que se adapte a tu tipo de piel. Algunas marcas personalizan el tono para crear el color perfecto (cuesta un poco más, pero la diferencia merece la pena). Y recuerda: no tienes que ponerte base por toda la cara todos los días; utiliza sólo la que necesites y, si tu piel tiene buen aspecto, ahorra tiempo y sáltatela.

2 Corrector

Compra uno de un tono más claro que tu piel y utilízalo con una brocha limpia para cubrir sombras oscuras, manchas y otras imperfecciones. Algunos compactos contienen dos colores, que puedes mezclar para lograr el tono de piel perfecto.

3 Polvos

Los mejores son los sueltos, para así lograr el acabado más natural. Merece la pena invertir en uno de esos estupendos "libritos" de papeles empolvados para llevar en el bolso y así darte retoques.

4 Lápiz para las cejas

Elige el mismo tono que el de tus cejas y utilízalo para rellenar o definir siempre que sea necesario.

5 Delineador

Escoge un lápiz de textura suave que pueda aplicarse fácil y rápidamente.

6 Sombra de ojos

Ten un color de diario y otra más *glamourosa* para las tardes y noches. Olvídate de las técnicas de aplicación complicadas: parecen pasadas de moda y exigen mucho tiempo. Emplea 1 ó 2 combinaciones de tonos para lograr un aspecto fresco.

7 Colorete

El tono correcto hará que parezcas más joven y sana. Los coloretes en crema y en gel son los más rápidos y fáciles de aplicar. Pon un poquito en cada mejilla y extiéndelo con los dedos.

8 Perfilador de labios

Resérvalo para las salidas nocturnas, ya que su aplicación exige tiempo. Difumínalo para evitar ese aspecto tan pasado de moda. Si tus labios están estropeados, aplícate un bálsamo o vaselina sobre los labios: disimulará las líneas sin el borde marcado del perfilador.

9 Lápiz de labios

No te compliques con brochas y pinceles: usar el lápiz de labios directamente es más fácil e igual de eficaz. Procura tener un tono neutro, y otro más atrevido.

10 Máscara de pestañas

Úsala a diario para definir los ojos y tener unas pestañas más largas. Opta por las fórmulas que alargan y son resistentes al agua. Así, no tendrás que preocuparte por echarte otra capa... ni por los ojos "ennegrecidos".

MEDIDAS desesperadas

Llegas tarde a la guardería... y ni tú ni el bebé estáis vestidos. No desesperes: así es como puedes estar "naturalmente fabulosa" en apenas unos minutos.

1 Olvídate de la ducha, pero refréscate con un par de toallitas para bebé, desodorante y colonia.

2 Si la laca de tus uñas está levantada, retírala con unas toallitas y no te las pintes, pero límpialas bien. Las uñas sucias están prohibidas: dan un aspecto descuidado y desaliñado.

3 ¿No te pudiste lavarte los dientes? Masca un chicle o mastica un par de pastillitas refrescantes.

4 Aplícate hidratante en la cara y las manos.

5 Date un toque rápido en la cara. Cubre las ojeras o manchas con un corrector. Después, utiliza un color multiusos en las mejillas, ojos y labios, y luego acaba con una capa rápida de máscara de pestañas.

6 Apártate el pelo sucio de la cara con una coleta clásica o una diadema: te dará un aspecto fresco y limpio.

Combate las trampas de la edad

Aunque resulte inevitable envejecer, no lo es reflejar sus síntomas. Lo que consideramos como "signos visibles del envejecimiento" son, en realidad, **los efectos acumulados de los factores del estilo de vida** como fumar, tomar el sol en exceso, una dieta pobre y el estrés. Hoy en día, encontrarás todo un "batallón de regeneradores de la edad" en las tiendas de belleza para ayudarte a combatir los *daños*.

He aquí cómo **retrasar el proceso de envejecimiento**:

UTILIZA PROTECTOR SOLAR

Por la mañana, antes de irte a trabajar, **aplícate un protector solar con factor 25 o más alto, o una base de maquillaje con protección solar.** También puedes usar una hidratante que contenga protección. Esta costumbre, a lo largo de los años, marcará una gran diferencia en el envejecimiento de la piel.

USA GAFAS DE SOL

Así, no arrugarás el ceño... Con el tiempo, tanto fruncir el ceño generará líneas de expresión y arrugas. Opta por estilos grandes para así disimular las patas de gallo... Y no se te olvide el sombrero.

ALÉJATE DE LOS RAYOS UVA

No existe un bronceado seguro a menos que sea "de frasco". Algunos expertos creen que las cabinas de rayos son muy peligrosas debido a la gran concentración de rayos UVA que contienen, que penetran más profundamente en la piel y todavía desconocemos los resultados a largo plazo (lo que sí sabemos es que envejecen la piel).

UTILIZA LOS PRODUCTOS
ANTIEDAD
ADECUADOS

Si utilizas una hidratante con alfahidroxiácidos (ácidos frutales), procura **elegir una que contenga elevados índices de éstos.** Lo normal es buscar una con un 10% de ácido glicólico o alfahidroxiácidos (*Aha´s*) para que sea eficaz. Algunos cosméticos "presumen" de vitamina C o sus derivados por sus efectos antioxidantes. Aunque es cierto que la vitamina C es un potente antioxidante, muchos de estos productos no penetran en la piel. Si vas a invertir dinero en un producto, lee atentamente todo lo que ofrece.

ADOPTA
UN RITUAL
NOCTURNO

Por la noche tienes más tiempo para dedicarlo al mantenimiento de la piel, así que trata de convertirlo en un hábito y, semanalmente, deberías realizarte **una limpieza profunda** (para eliminar las capas muertas del exterior de la piel, e hidratar las más profundas) **e incluir un producto para el cuidado de la piel con retinol.**

NO
FUMES

Fumar consume poco a poco las proteínas naturales de la piel (el colágeno y la elastina). También reduce el aporte de sangre a la piel y propicia la formación de arrugas alrededor de la boca.

Alimentos para sentirse más joven

Para evitar las arrugas, no sólo importa lo que te pones sobre la piel, sino también **lo que pones en tu boca.** Aunque un buen cuidado facial, abundantes horas de sueño y evitar el sol en exceso pueden ayudar a combatir las trampas de la edad, llevar una buena dieta es igualmente importante.

Ni las cremas más caras podrán disimular el paso del tiempo, a menos que comas los alimentos antiedad adecuados, que los investigadores sugieren que **son frutas y verduras, pescados y, aunque parezca increíble, chocolate.** El motivo es que contiene unas sustancias químicas llamadas antioxidantes que ayudan a reparar el daño causado por los "radicales libres", que atacan a las células y desencadenan el envejecimiento prematuro.

8 superalimentos ANTIEDAD:

1

Manzanas
Esta fruta es antiedad porque es uno de los alimentos más ricos en isoflavonas, nutrientes **poderosamente antioxidantes** que pueden proteger a las células de la piel del daño causado por las sustancias químicas del ambiente.

2

Bayas
Las bayas moradas, rojas y azules, así como las cerezas negras, poseen un efecto antiedad porque obtienen su color del antioxidante bioflavonoide antocianina, que puede **ayudar a reforzar las paredes de los vasos sanguíneos,** lo cual contribuye a prevenir las venillas de la cara.

3

Nueces del Brasil (o coquitos del Brasil)
Es el alimento más rico en selenio, una enzima antioxidante que neutraliza los radicales libres y **está considerado un agente anticancerígeno.**

4 **Verduras de hoja verde**
Las verduras como el brécol y las espinacas contienen
una variedad de componentes fitoquímicos
que **estimulan la producción de enzimas** del
sistema inmunitario, eliminando así las sustancias
cancerígenas y las causantes del envejecimiento.

5 **Chocolate**
¡Sí, sí! Las personas que consumen chocolate con
regularidad **viven una media de 1 año más.** Esto se
debe a que contiene fenol (un tipo de antioxidante).

6 **Kiwi**
Contiene **el doble de vitamina C que las naranjas,**
y tanta vitamina E como los aguacates: ambos son
poderosos nutrientes antiedad.

7 **Pescado azul**
Caballa, sardina, salmón, trucha… éstas son algunas
de las fuentes más ricas en **ácidos grasos Omega-3.**
Debes tomar pescado azul 2 veces a la semana para así
beneficiarte de sus efectos.

8 **Leche y derivados de la soja**
Poseen un efecto antiedad porque contienen
isoflavonas. Estas hormonas vegetales son físicamente
idénticas al estradiol, una hormona sexual femenina
del grupo de los estrógenos, y **protegen contra las
dolencias cardíacas y la osteoporosis, y combaten
los síntomas de la menopausia.**

Nutrición familiar

Ten cuidado con los riesgos de preparar la comida para la familia. Desde que envuelves los bocadillos de los niños a primera hora de la mañana hasta el final del día (cuando a veces preparas 2 cenas -una para los niños y otra para vosotros-), **tienes que pensar en las necesidades alimenticias de otras personas todo el día y cada día.**

Y aunque es poco probable que puedas reducir el número de comidas que tengas que preparar, puedes imponer tu disciplina en el enfoque de los alimentos. Te guste o no, **tus actitudes hacia la comida darán forma a las de toda tu familia.**

COMED JUNTOS

Haced el esfuerzo por sentaros a comer juntos una vez al día, preferiblemente durante la cena. Esto permite que el acto de la comida tenga **un principio y un fin específicos,** evitando que se extienda toda la tarde (a medida que los distintos miembros de la familia se incorporan a la mesa procedentes de sus actividades o del trabajo). También limitará el tiempo que pasas en la cocina y prevendrá el comer en exceso.

SANAS ALTERNATIVAS

Prepara **versiones caseras de su "comida basura" favorita** como hamburguesas, patatas fritas o *pizzas*. Sirve un filete ruso con ensalada en lugar de con pan, prepara una *pizza* de verduras con poco queso, o unta unas patatas con aceite de oliva y hornéalas en lugar de freírlas.

PIDE AYUDA
EN LA COCINA

Pedir ayuda a tu pareja e hijos para planear y preparar las comidas te facilitará las tareas, y también les dará la oportunidad de **aprender mucho sobre nutrición.**

NO SE **PUEDE COMER**
LO QUE NO SE COMPRA

No vayas a la compra cuando tengas hambre, ya que te sentirás más tentada a comprar ingredientes menos nutritivos. Si ciertos productos "peligrosos" no están en tu depensa, nunca los comerás. Probablemente seas tú la persona que hace la compra… así que **de ti depende sentar las bases.** Si los niños quieren golosinas, deja que elijan entre 2 buenas opciones: ofrecerles una les hará creer que ellos *tienen el control.*

EVITA LAS COMIDAS PREPARADAS

En algún momento, todos echamos mano de la comida rápida, pero la mayoría de las comidas preparadas contienen muchas más calorías, sal y azúcar que las versiones similares hechas en casa. **Intenta cocinar en grandes cantidades** durante el fin de semana para poder congelar comidas y así consumirlas a lo largo de la semana.

COMER EN LOS RESTAURANTES

Las comidas infantiles de los restaurantes son tremendamente insanas. Para remediarlo, **comparte con tu hijo un menú de adulto y pide una ensalada extra.** Compartir un postre significa que todos pueden saborear el dulce, pero sin sus "efectos calóricos".

Dilemas dietéticos

Hay dietas para todas las personalidades y estilos de vida, pero **seguir un programa específico puede ser duro.** Tal vez descubras que tienes que preparar más comidas o comprar ingredientes distintos para respetar tu dieta y la de tu familia, o que sientes más tentaciones al cocinar.

Sin embargo, la alternativa más práctica y duradera es modificar tus planes de comida diarios, optando por cantidades más pequeñas, asar en lugar de freír o limitar alimentos grasos y salsas. Estableciendo algunas pautas nutricionales nuevas... puedes conseguir **perder kilos casi *sin esfuerzo.***

5 formas para dejar de ser una ESCLAVA DEL PESO

1 NO LIMPIES
EL PLATO

A medida que tu cuerpo envejece, quema menos calorías así que, aunque sigas la misma dieta que a los 20 años, ya no funcionará cuando tengas 40. Reducir 100 calorías (el equivalente a **dejar 2 cucharadas** en el plato) combatirá este problema.

2 PIENSA ANTES
DE BEBER

El cuerpo no registra una sensación de saciedad de las calorías que bebes. Por eso, las **calorías líquidas te ayudan a ganar peso,** haciendo que comas más. La próxima vez que te apetezca una bebida, tómate un vaso de agua en lugar de un refresco.

3 LA BÁSCULA MIENTE

El peso fluctúa de día en día, e incluso de la mañana a la noche, así que no te obsesiones con lo que marca la báscula. Es mejor **juzgar si necesitas perder unos kilos por cómo te queda la ropa.** Si te queda muy justa, ¡no picotees!

4 HACER EJERCICIO
DEBERÍA SER UN HÁBITO

Encontrar tiempo para hacer ejercicio se hace más difícil con la edad. Merece la pena recordar que hacer ejercicio te da el equilibrio, fuerza y salud necesarios para sobrellevar el resto de asuntos y problemas. Establecer una rutina hará que te sientas mejor, por dentro y por fuera.

5 ATACA AL ESTRÉS

Algunos días, llegar a la noche sin haberte topado con grandes complicaciones es un logro en sí mismo. **El estrés es una de las grandes razones por la que las mujeres comen demasiado...** así que, dedicar unos minutos cada día a relajarte es la clave para perder peso con éxito. Date un baño, escucha música o practica yoga.

10 consejos para parecer 10 años más joven

1 ***Dormir bien***

Un mínimo de 8 horas cada noche lograrán que parezcas más joven. Vete a la cama lo antes posible... y procura que sea antes de medianoche.

2 ***Una silueta perfecta***

Recupera la figura de tu juventud empleando trucos visuales para lograr líneas largas y esbeltas. Unos pantalones o tejanos de corte recto con un *top* entallado -pero no ajustado- y tacones altos son la solución perfecta.

3 ***No abuses de la dieta ni del ejercicio***

Hará que parezcas esquelética y escuálida. Las caras redondeadas resultan más jóvenes y "llenan" más las arrugas. Un poco de ejercicio potencia el flujo sanguíneo y recuerda a tus músculos que existen. Demasiado ejercicio, sobre todo correr al aire libre, puede hacer que te quedes demacrada.

4 ***Enderézate***

Cuando cumplimos los 30, casi todas llevamos tanto tiempo con los hombros caídos que ni siquiera nos damos cuenta de ello... Ir encorvada hace que parezcas mayor. Para lograr una postura perfecta, mantén la cabeza erguida y levanta la barbilla.

5 ***Melena al viento***

Cuida tu pelo. Un pelo con brillo da un aspecto juvenil y es la forma más eficaz de hacer retroceder las manillas del reloj. Y mientras te concentras en el pelo, procura llevar siempre un corte moderno. No hay nada más envejecedor que una mujer con un peinado pasado de moda: intenta reinventar tu estilo con la ayuda de un buen profesional -por lo menos, cada 2 años-.

6 Arréglate las cejas

Las cejas, al igual que el cabello, pierden espesor con la edad. Rellenar las cejas y extenderlas es estupendo para elevar los ojos y así enmarcar el rostro. Cuando tengas prisa, los polvos serán más sutiles y rápidos que un lápiz: unos cuantos toques marcarán la diferencia.

7 Mantén los dientes blancos

Los dientes amarillos te añaden años. Hoy en día, blanquearse los dientes en casa es fácil y no resulta nada caro. Si prefieres un resultado más espectacular, pídele a tu dentista que te informe sobre los tratamientos blanqueadores.

8 Agua y nada más que agua

Bebe de 8 a 10 vasos de agua al día en lugar de tomar un sinfín de tazas de café o té. La cafeína absorbe el agua del cuerpo y hace que tu piel se vuelva como papel áspero y arrugado.

9 Deja de preocuparte

Si tienes problemas, soluciónalos y luego sácatelos de la cabeza. El estrés y la preocupación hacen que te quedes demacrada y te predisponen al estrés; además, no te dejan dormir por la noche y estropean la calidad de tu sueño.

10 Practica sexo

Según un estudio escocés, hacer el amor 3 veces a la semana puede rejuvenecerte 10 años. En él, se descubrió que el segundo factor determinante de lo joven que parece una persona es si tiene una vida sexual activa (sólo el ejercicio demostró ser más importante que el sexo a la hora de mantener a raya el envejecimiento).

Cómo detener el paso del tiempo

Hoy en día, parece **de lo más normal:** un recorte por aquí, un relleno o un toque de *Botox* por allá... La cirugía estética, en otro tiempo exclusiva de ricos y famosos, se ha convertido en una práctica común entre la gente normal.

Los tratamientos mínimamente invasivos como el colágeno y el *Botox* son formas populares de reparar el deterioro. Lo mismo ocurre con los tratamientos con láser y sustancias químicas. Pero las intervenciones invasivas, como los "liftings", también se ven ahora como algo normal.

Siempre existirá presión social por el aspecto físico, pero decidir si operarse o no es una cuestión personal. La belleza es subjetiva y lo que importa es cómo te ves, así que es importante que aprendas a aprovechar lo que tienes. Pero si algún aspecto de tu físico te molesta de verdad, **da los pasos para mejorarlo... dentro de un orden.** Aunque una buena cirugía plástica puede marcar una gran diferencia en tu físico, un exceso puede resultar poco natural, e incluso exagerado. Una arruguita aquí y allá que refleje un rostro lleno de vida es mucho más atractiva que tener una expresión de sorpresa permanente.

Si optas por operarte, comprueba siempre las credenciales del médico. Como en cualquier intervención médica, **existe cierto riesgo y, con frecuencia, una gran factura.** La buena noticia es que las técnicas han mejorado mucho en los últimos 10 años, lo que significa que la cirugía, cuando la realiza un médico profesional, es ahora más segura que nunca... y los resultados también son mejores.

¿Remedios sin cirugía o EL BISTURÍ?

Hay zonas que puedes reparar sin cirugía plástica:
Te sorprenderá saber lo mucho que pueden mejorar algunos problemas -como los siguientes- si los tratas con productos cosméticos o con tratamientos no quirúrgicos como el láser, *peelings*, *Botox* o rellenos.

- Ojeras oscuras
- Decoloración o pigmentación
- Líneas (por ejemplo, en los extremos de la boca)
- Líneas de expresión verticales entre las cejas
- Líneas de expresión sobre el labio superior
- Arruguitas en las mejillas
- Arruguitas debajo de los ojos
- Pequeñas líneas de expresión alrededor de los ojos
- Piel seca o descamada
- Piel grasa e irregular
- Redondez a lo largo de la mandíbula
- Papada

No te fíes de las ofertas publicitarias; si padeces estos problemas, aprende a vivir con ellos u opta por la cirugía.

- Exceso de piel en los párpados
- Ojeras inflamadas o profundas
- Líneas de expresión profundas en el entrecejo
- Carrillos flácidos
- Piel sin consistencia y arrugas profundas
- Piel del cuello muy floja
- Pérdida de la redondez de las mejillas

Combate los PUNTOS PROBLEMÁTICOS

Cuando la mayoría nos levantamos y nos miramos al espejo, nos sentimos razonablemente felices con lo que vemos. Hasta que miramos con un poco más de atención... y observamos **las arrugas** que permanecen aunque no frunzamos el ceño, o **esas ojeras oscuras que no desaparecen** por mucho que durmamos. Y, ya puestas, ¿no sería genial que despareciera esa papada?

No te preocupes... **existen remedios**. Pon en práctica estos trucos para combatir los signos reveladores de la edad y muéstrate tan joven como te sientes.

PROHIBIDAS LAS BOLSAS DEBAJO DE LOS OJOS

¿Qué lo provoca?

Los vasos sanguíneos visibles bajo la piel y/o la piel hiperpigmentada se vuelve más oscura debido a la exposición al sol.

Remedio casero

El retinol, un derivado de la vitamina A, que se encuentra en productos cosméticos, ayuda a las bolsas de dos maneras: difuminando la melanina (el pigmento cutáneo que contribuye al oscurecimiento) y estimulando la producción de colágeno, la sustancia que mantiene tersa la piel. Observarás mejorías en cuestión de 3 a 6 meses.

La solución quirúrgica

La blefaroplastia, un procedimiento que corrige la caída de los párpados superiores y las bolsas de los inferiores.

MANTÉN ALTA
LA BARBILLA

¿Qué lo provoca?

Las mejillas flácidas y la papada son el resultado de la genética, el daño causado por el sol y una redistribución de la grasa subyacente alrededor de la mandíbula.

Remedio casero

Cremas reafirmantes. Estos productos no tienen un efecto permanente en la piel, pero pueden crear contornos más firmes, tensando la capa superficial de la piel.

La solución quirúrgica

Lifting facial. Sí, es caro, pero la cirugía es la única solución permanente -y ahora se trata de una intervención sencilla y con pocos riesgos-. Antes de comprometerte, comprueba que el cirujano esté registrado y que haya realizado este tipo de cirugía por lo menos 100 veces.

OLVÍDATE DE LAS
LÍNEAS DEL CEÑO

¿Qué lo provoca?

Las repetidas contracciones de los músculos responsables de fruncir el ceño, creando surcos entre las cejas.

Remedio casero

Parches adhesivos. Se aplican en la frente para alisar y relajar los músculos mientras duermes. O puedes probar una de las cremas de nueva generación que se autodenominan *"Botox en un tarro"*. La mayoría contienen un ingrediente que reduce la capacidad de los músculos para contraerse. Tardarás 2 meses en observar los efectos: una ligera pero notable reducción en la capacidad de fruncir el ceño.

La solución quirúrgica

Botox. Una forma purificada de la toxina que causa el botulismo administrada con una aguja. No dejes que la palabra "botulismo" te asuste: la cantidad utilizada es muy pequeña y, por tanto, inofensiva. Cuando se inyecta en dosis bajas, el *Botox* paraliza los músculos de manera que no pueden contraerse y crearse líneas de expresión, como las arrugas de la frente y las patas de gallo. Se observan resultados a la semana y pueden durar hasta 6 meses.

REJUVENECE
LAS MANOS

¿Qué lo provoca?

Las manchas que aparecen en el dorso de las manos son causadas por años de exposición al sol.

Remedio casero

Un tratamiento triple que incluya el uso diario de **productos que aclaren, exfoliantes y un factor de protección solar elevado.**

La solución quirúrgica

Un cirujano plástico pondrá en práctica la misma idea pero con productos más fuertes *-peelings* **químicos y láseres que borran los pigmentos-** para así lograr un efecto más duradero y efectivo.

QUITA AÑOS A TU
ESCOTE

¿Qué lo provoca?

Las manchas y arrugas en el pecho son marcas de la exposición al sol.

Remedio casero

Busca **cremas formuladas con kinetina,** una hormona que suaviza las líneas finas y aclara las manchas marrones; además, no irrita, lo que la convierte en ideal para las pieles sensibles. Deberías observar una mejora a las 4 ó 6 semanas.

La solución quirúrgica

El láser aclara la melanina, el pigmento cutáneo que se agrupa y genera las pecas y manchas. **Los peelings químicos suaves** con agentes -como ácido glicólico y ácido salicílico- pueden ayudar a alisar las líneas finas y aclaran las manchas marrones, pero necesitarás varias sesiones (dependiendo del alcance del daño solar).

Alisa tus LABIOS

Los labios son una de las **zonas clave que puede revelar tu edad.** Pon en práctica los siguientes consejos para lograr una boca más suave y joven, dándote motivos para sonreír.

ADIÓS A LAS
LÍNEAS DE CARMÍN

Cuando la piel que rodea a los labios se arruga, se forman grietas en los labios y el color puede introducirse en ellas.

Remedio rápido

El perfilador crea una barrera que mantiene el color allí donde tú quieres. Otro truco consiste en aplicar polvos faciales por encima del labio para mantener la zona seca, ya que la humedad potenciará las líneas.

Solución duradera

Un cirujano plástico puede ponerte **inyecciones de colágeno,** que rellenan las líneas de los labios y duran 6 meses.

COMBATE LA
DELGADEZ LABIAL

La pérdida de colágeno y grasa supone menos relleno en los labios.

Remedio rápido

Las vaselinas con color y los productos que "engordan" los labios pueden crear el efecto "gloss" sin resultar demasiado atrevidos. Otra opción es aplicar base de maquillaje justo en el borde exterior de la boca, y luego cubrir los labios y la zona maquillada con lápiz de labios.

Solución duradera

Los materiales de relleno absorbibles contienen una base de ácido hialurónico estabilizado con diferentes densidades, que se fusiona con el agua de los tejidos aportándoles volumen.

LABIOS
SIN GRIETAS

La piel pierde hidratación con la edad, lo que implica labios más secos.

Remedio rápido

Un exfoliante labial suave eliminará las "escamas". Luego, usa vaselina o un bálsamo labial.

Solución duradera

Cuando tus labios se afinan, su superficie se arruga, haciendo que parezcan más resecos. El **retinol** suaviza las grietas. Como la piel de los labios es fina y se irrita con facilidad, utiliza también un producto específico para los labios antes de irte a la cama.

A vueltas con el pelo

No podemos obviar el hecho de que, cuantos más años tenemos, más necesario es cuidar de nuestro cabello. Cumplidos los 30, **tu cabello necesita reflejar tu edad, confianza y estatus.**

Debe estar suave, tener brillo y estar en forma.
He aquí algunas maneras de cuidar tu cabellera:

- **Corta las puntas con regularidad**. Procura ir a la peluquería cada 6-8 semanas. Deberías evitar esa fase "intermedia" en la que el pelo pierde su forma. Pásate por la peluquería a menudo y te ahorrarás tiempo y molestias a la larga, ya que será más fácil dar forma a tu cabello por la mañana -cuando te arregles a toda prisa-.

- **Elige un estilo "lavar y listo",** que no exija técnicas de secado extrañas o herramientas especiales para que quede bien. Los estilos largos y capeados son geniales ya que permiten un peinado sencillo durante el día, pero puedes darles un toque sofisticado con rulos o planchas alisadoras.

- **Escoge un estilo versátil** que sea sencillo para trabajar, pero que pueda transformarse con gel o cera para salir de noche.

- **Utiliza un tratamiento hidratante,** sea cual sea tu tipo de cabello. Aplicado una vez a la semana, alimentará y protegerá el cabello y contribuirá a mantener su brillo.

- **Pídele a tu peluquer@ que te enseñe a usar el secador,** muchas peluquerías incluso ofrecen clases. Podrás aprender algunos de los trucos de los profesionales para lograr un cabello de *aspecto profesional* sin salir de casa.

SALÓN DE ESTILOS: elige el estilo idóneo, sea cual sea tu edad

Los 30

Las mujeres de esta edad suelen estar muy ocupadas con su trabajo o maternidad... o ambas cosas. **A esta edad deseamos que se nos tome en serio.** Opta por estilos que sean clásicos, pero versátiles, y que requieran poco secador para estar bien.

Los 40

Ésta es la edad en la que la **mayoría de las mujeres optan por el pelo corto,** pues la melena larga alarga la cara. Sin embargo, las tendencias cambian y las mujeres de 40 años también llevan el pelo largo. El secreto está en evitar los extremos: no quieres llevarlo demasiado largo ni probar un color o un corte muy juvenil. Si te gusta largo, procura que esté bien capeado, sobre todo alrededor de la cara.

Los 50

Cuando cumplimos 50 años ya no tenemos nada que demostrar. Después de toda una vida cuidando de otros y preocupándonos por lo que piensan, somos ¡nosotras mismas! **Es un gran momento para redescubrir tu lado divertido** o ser atrevida y llevarlo cortísimo.

Cómo combatir esos
"puntos negros" de tu cuerpo

¿Te acuerdas de cuando ninguna parte de tu cuerpo caía, colgaba o *temblaba*? **¿Qué falla cuando alcanzamos la mediana edad?** Por desgracia, la ciencia trabaja en nuestra contra: el gran declive físico del ser humano ocurre en la década entre los 30 y 40 años.

Durante esta década, se pierde masa muscular, el metabolismo se ralentiza, los huesos pierden densidad, la flexibilidad y la fuerza se reducen y la grasa corporal aumenta. De hecho, la mujer gana aproximadamente 9 kilos entre los 20 y los 65 años. Este **declive físico se debe, en parte, a que el metabolismo se hace más lento,** pero también a la inactividad.

BRAZOS FIRMES

A menos que una mujer haga ejercicio 2 ó 3 veces a la semana, al cumplir los 40, **los músculos del dorso de los brazos habrán tomado "dirección Sur".** Para tonificar esta parte de los brazos, prueba la siguiente postura de yoga:

Cómo hacerlo

Siéntate en el suelo con las piernas extendidas por delante y juntas. Mantén la espalda recta y coloca las palmas en el suelo, a tu espalda, con los dedos hacia fuera. Apóyate sobre las manos y levanta las caderas y toda la parte delantera de tu cuerpo hacia el techo, imaginando que unos "hilos invisibles" tiran de tus muslos hacia arriba. Mantén los brazos y piernas rectos, y los dedos de los pies hacia fuera. Mira hacia delante y mantente así durante 10 segundos antes de relajarte sobre el suelo. Repítelo 5 veces al día -cada día- para obtener resultados.

Nota: consulta a tu médico antes de practicar esta postura si estás embarazada o tienes alguna lesión de cuello o espalda.

PECHOS CAÍDOS

Es la triste realidad, pero los pechos no pueden mantenerse firmes para siempre… y la gravedad siempre acaba ganando. **El ejercicio puede ayudarte a mantener su firmeza.** Aunque los pechos están compuestos de tejido graso, levantar pesas puede reafirmar los músculos pectorales que los soportan.

Cómo hacerlo

Utiliza pesas ligeras de 2 kilos para tonificar y reafirmar.

Sujeta 1 pesa en cada mano y levántalas por los lados hasta la altura de los hombros, subiendo y bajando. Haz 3 series de 15 y repite ambos movimientos cada 2 días.

TRASERO FOFO

Por desgracia, aunque tengamos un trabajo que estimule el cerebro, **los músculos del trasero se aburren** con 8 horas al día de inactividad. Tu entrenamiento debería incluir todas las formas de ejercicio cardiovascular pero, sobre todo, actividades que tengan como objetivo la región de los glúteos, como *steps*, caminar, saltar y correr… aunque las sentadillas son la mejor forma de tener un trasero que desafíe a la gravedad.

Cómo hacerlo

Necesitarás un buen par de pesas de 5 kilos cada una. Ponte de pie delante de la silla, como si te fueras a sentar, con los pies separados a la misma anchura de los hombros y las pesas a los lados. Mantén la cabeza recta, baja tu cuerpo hasta que las piernas queden con un ángulo de 90º, y luego lleva el cuerpo a la posición de salida.

Para observar los resultados, tendrás que realizar 2-3 series de sentadillas 3 veces a la semana. Transucurridas 3 semanas, comenzarás a observar una mejora definitiva.

"LORZAS" LATERALES Y **BARRIGA PROMINENTE**

La maldición de la mediana edad puede tomar la forma de barriga prominente o lorzas generosas que sobresalen por encima de tus tejanos favoritos… **un "efecto secundario" natual de la edad** que sólo remediará el ejercicio. Intenta correr en una cinta durante 10 minutos al día: activará el metabolismo para que quemes más grasas y calorías. Sin embargo, son los abdominales los que alisarán tu barriga, tanto por delante como en los laterales.

Cómo hacerlo

Los abdominales son la mejor manera de alisar y reducir la zona así que, haz 5 series de 20.

Para combatir los "michelines laterales", lleva la pierna izquierda hacia dentro para intentar tocar el codo derecho (y viceversa) mientras haces abdominales. Así, se tonifican los músculos de los laterales. Realiza 3 series de 20 y repítelas cada 2 días para obtener resultados

PIERNAS FOFAS

Tal vez camines más ahora que cuando eras joven, pero por alguna razón, **cuando cumplimos los 30, las piernas se vuelven más "fornidas".** Si deseas unas piernas largas y definidas, cualquier ejercicio cardiovascular realizado 3-4 veces a la semana durante al menos 20 minutos tendrá resultados positivos. Estas actividades pueden incluir caminar, bailar o hacer *kickboxing*.

Para esculpir las pantorrillas, ponte en cuclillas tipo *"plié"*.

Cómo hacerlo

Sitúate con los pies separados un poco más que los hombros, con los dedos hacia fuera. Ponte de puntillas y, manteniendo la espalda recta y tensando los abdominales y el trasero, dobla las rodillas hasta que los muslos estén paralelos al suelo. Haz 3 series de 20 cada 2 días para obtener resultados.

Combate la celulitis

Todas la tenemos y todas deseamos librarnos de ella. Hablo de la celulitis: la odiosa piel de naranja que se forma en el trasero y los muslos de las mujeres. Por suerte, hay algo que podemos hacer.

La celulitis es una mezcla de grasa, fluidos y toxinas atrapadas en los tejidos de la piel. **Los estrógenos hacen que las mujeres acumulen grasa alrededor del trasero y los muslos.** Imaginemos que las grasas se almacenan en cajitas de colágeno; pues bien, las "cajitas" de grasa de la mujer son más débiles que las del hombre, y eso significa que la grasa suele escaparse. Suma a esto un mal funcionamiento del sistema circulatorio provocado por una mala dieta, falta de ejercicio, la píldora, la edad, la genética… y tendrás la receta para el desastre.

Las 4 FASES de la celulitis

FASE 1

Aspecto:

En esta fase, la piel todavía está firme y probablemente sólo notas la celulitis si aprietas la zona entre los dedos.

Alcance de la situación:

Tus células grasas han comenzado a agrandarse -quizá porque has engordado- y contienen más agua y toxinas, lo que hace que se abulten.

¿Por qué eres una víctima?:

Seguramente tienes menos de 30 años, tomas la píldora, eres fumadora o… ¡mala suerte!, es una herencia familiar.

Cómo combatirlo:

¡MUÉVETE!

Hacer ejercicio es importante, ya que mejora la circulación, quema grasa y ayuda a tonificar los músculos… aspectos vitales para un trasero firme y liso. Hazlo con algunas amigas y convierte tu *caminata* en un acontecimiento social.

DI ADIÓS A LAS COMIDAS PREPARADAS

Comer menos alimentos procesados y más frutas y verduras frescas reducirá la carga de toxinas en tu cuerpo.

FASE 2

Aspecto:

La celulitis es más visible, pero todavía en áreas reducidas. La piel también puede presentar manchas.

Alcance de la situación:

El colágeno que sostiene las células grasas ha comenzado a debilitarse, dando a la piel un aspecto irregular y con bultos.

¿Por qué eres una víctima?:

Suele ocurrir a mujeres de entre 30 y 35 años, pero puede suceder antes si nunca has hecho ejercicio o si sigues una dieta rica en grasas. El embarazo puede empeorar las cosas debido al aumento de los niveles de estrógenos.

Cómo combatirlo:

REDUCE LA CAFEÍNA

El café, el té y el chocolate contienen estimulantes que, en grandes dosis, ralentizarán el flujo del sistema linfático y la eliminación de toxinas. Así pues, aunque 1 taza no hace daño, si tomas 5 cafés al día, tal vez haya llegado el momento de pasarte a las infusiones.

DATE UN MASAJE

Masajear la piel cada día con aceites esenciales anticelulíticos potenciará la circulación y reducirá el aspecto de la piel con "bultitos".

FASE 3

Aspecto:

Ahora tendrás zonas más extensas de celulitis que son bastante visibles. La piel está debilitada y hay "bultitos" por todas partes.

Alcance de la situación:

La circulación está seriamente restringida en las zonas afectadas, y las células grasas se han hinchado por efecto del agua, la grasa y las toxinas. Además, tus fibras de colágeno han empezado a perder eficacia, sujetando las células grasas.

¿Por qué eres una víctima?:

Esta fase suele afectar a mujeres de entre 35 y 40 años que han tenido hijos, tomado la píldora o tienen sobrepeso.

Cómo combatirlo:

HAZ MÁS EJERCICIO

Lo mejor para combatir la celulitis es caminar, correr o andar en bici. Los ejercicios como las sentadillas tonifican los músculos y mejoran el aspecto de la piel. Practica al menos 15 minutos de ejercicio al día. Y, sí, el sexo cuenta: claro está, si ejercitas lo bastante...

MEJORA TU DIGESTIÓN

El estreñimiento empeora la celulitis. Cuando las toxinas no atraviesan el colon, pueden reducir la eficacia de órganos como el hígado. Aumenta la ingesta de fibra consumiendo cereales, un mínimo de 5 piezas de frutas y verduras al día, y bebe agua.

FASE 4

Aspecto:

La fase más avanzada. Los numerosos "bultitos" son tan visibles que se notan a través de la ropa.

Alcance de la situación:

La descomposición completa del colágeno significa que las fibras ya no pueden sujetar las células grasas hinchadas, creando "hoyitos" más profundos. A estas zonas llega ya muy poca sangre.

¿Por qué eres una víctima?:

Esta fase suele afectar a mujeres de más de 40 años que han tenido hijos, aunque la obesidad, una dieta pobre y la falta de ejercicio pueden hacer que aparezca antes.

Cómo combatirlo:

FÍNGELO

Todo el mundo lo sabe: los bultitos de la celulitis se ven menos cuando estás morena. Así que, antes de ir a la playa, invierte en un buen bronceado o aplícate un tratamiento profesional en *spray*.

PRUEBA CON LA TECNOLOGÍA

La *Endermología* es la única técnica aprobada por la Administración de Fármacos y Alimentos de EE UU. Es un tratamiento no quirúrgico que se basa en el masaje intenso del panículo adiposo mediante rodillos y la aspiración de la superficie cutánea.

Aficiónate al fitness

El momento en el que muchas mujeres dejan de hacer ejercicio es, precisamente, cuando es más importante que continúen haciéndolo. Plantéatelo: ¿Vas en coche cuando solías caminar? ¿Estás sentada en el despacho durante horas, cuando solías estar de aquí para allí? ¿Comes más, sales menos a bailar y vuelves a casa en taxi? **Es muy fácil caer en hábitos de inactividad**, sobre todo cuando tratamos de conciliar distintas áreas de nuestra vida. Y entonces, un día nos miramos al espejo y nos preguntamos cuándo ocurrió. Pero aunque hayas llegado a esta fase… no es demasiado tarde para recuperar la silueta y mejorar tu salud.

El ejercicio aeróbico regular puede ayudarte a perder peso y reducir muchos riesgos de salud… además de darte la oportunidad de escapar de la rutina.

Aunque el ejercicio cardiovascular es esencial para mantener la salud y el bienestar, son los ejercicios de resistencia los que más impacto causan en la forma corporal llegada la mediana edad. El índice metabólico basal -el ritmo al que quemamos calorías en reposo- comienza a descender a partir de los 25-30 años. Al aumentar la masa muscular, puede invertirse el declive. **La mejor forma de lograrlo es haciendo ejercicio 2 ó 3 veces a la semana.**

Pero si te preguntas cómo demonios puedes encajar otra actividad en tu frenética vida… date un respiro. Los estudios demuestran que **las actividades cotidianas son igualmente eficaces para mantenerse en forma que el ejercicio físico.** De hecho, un estudio de la Universidad de Maastricht descubrió que las personas que llevaban un estilo de vida sedentario pero iban al gimnasio regularmente quemaban menos calorías que las que tenían más actividad en su vida cotidiana aunque no realizaban un mantenimiento continuado.

EJERCICIO a partir de los 30

Los 30

Sin ejercicio, **el índice metabólico y el tono muscular de tu cuerpo comenzarán a decaer.** Así pues, si nunca has ido al gimnasio, ¡ahora es el momento de empezar! Lo ideal es que combines el ejercicio aeróbico con pesas para así aumentar la masa ósea y protegerte de la osteoporosis. Para combatir la reducción de la flexibilidad, incluye ejercicios de estiramiento.

Opciones adecuadas: yoga, Pilates, pesas, bailar y correr.

Los 40

Es el período en el que comenzarás a observar el envejecimiento de tu cuerpo, sobre todo si has estado inactiva a los 20 y 30 años. Pero nunca es demasiado tarde para ponerse en forma. A los 40, deberías **dar más importancia a los ejercicios de menor impacto.** Además, es bueno practicar pesas para que los músculos quemen calorías y te protejan de lesiones. El ejercicio ayuda también a evitar el "ensanchamiento" de la mediana edad, que ocurre cuando tu ritmo metabólico se ralentiza.

Opciones adecuadas: yoga, Pilates, tenis, pesas ligeras y carreras en circuito.

Los 50

Si has estado activa toda tu vida, tu cuerpo te lo agradecerá ahora, ya que estarás en mejor forma que alguien que haya llevado una vida sedentaria. Pero ten en cuenta que la pérdida de masa ósea te hará más susceptible a las fracturas, por lo que debes tener cuidado al hacer ejercicio. **Practica ejercicios dinámicos** como caminar. Es muy importante mantenerte activa, así que no cambies tu adosado de 2 plantas por un piso diáfano: te volverás cómoda.

Opciones adecuadas: caminar deprisa, yoga y natación.

¡PRECAUCIÓN!

Si hace mucho tiempo que
no haces ejercicio, **empieza
despacio.** Los profesionales de
la medicina deportiva alertan de
la gran cantidad y diversidad de
lesiones que se producen cuando
las personas de mediana edad
practican ejercicio con demasiada
energía.

La TV de la salud

Cuando estás atrapada en la vida cotidiana, los chequeos regulares pueden caer en el olvido. Es fácil pensar: "No me siento enferma… ¿Por qué debería ir al médico?". El problema es que, muchas enfermedades, sólo pueden tratarse si se detectan a tiempo. Así pues, **no esperes a que aparezcan los síntomas:** hazte las pruebas oportunas, desde mamografías hasta tests de colesterol… todas son vitales.

Las PRUEBAS VITALES a las que toda mujer debería someterse

A partir de los 20 AÑOS

TEST DEL COLESTEROL

Aunque seas joven, deberías vigilar tus niveles de colesterol. Si el test es normal, debería repetirse cada 5 años. El colesterol elevado está relacionado con un aumento del riesgo de enfermedad cardíaca, por lo que es importante averiguar si tus niveles son altos. Si lo son, un cambio en la dieta te ayudará a reducirlos.

EXAMINA TUS PECHOS

Es vital que te palpes los pechos regularmente en busca de bultos o cambios. El cáncer de pecho es más fácil de tratar y tiene una tasa de curación más alta cuando se detecta a tiempo. Es importante familiarizarse con el aspecto de los pechos, e informar inmediatamente a tu médico de cualquier cambio.

CITOLOGÍA

En una citología, los médicos extraen células del cérvix para analizar posibles síntomas de cáncer. Debería realizarse 3 años después de que la mujer inicie su actividad sexual, y nunca más tarde de los 21 años. Debe repetirse cada 2 ó 3 años.

PRUEBAS PARA PREVENIR **ETS**

Si eres sexualmente activa, deberías someterte a una prueba de detección de infecciones de transmisión sexual. La más común es la clamidia que, si no se trata, puede causar infertilidad. Otras molestias frecuentes son: gonorrea, sífilis, VIH, virus del papiloma humano y herpes.

DETECCIÓN DEL **CÁNCER DE PIEL**

Cada 3 meses, es buena idea revisarse la piel en busca de cualquier elemento "sospechoso" y acudir al médico 1 vez al año para vigilar las pecas anormales, manchas, lesiones y nódulos. Esto es aún más importante si has pasado mucho tiempo al sol o tienes antecedentes familiares de cáncer de piel.

A partir de los 30 AÑOS

En la treintena, deberías someterte a las mismas pruebas y revisiones que superaste a los 20 años, más cualquier prueba específica que te recomiende tu médico, como **una mamografía si tienes antecedentes familiares de cáncer de mama.**

DENSITOMETRÍA

A los 35 años deberías empezar a prestar atención a tus huesos, lo que implica **ingerir suficiente calcio y hacer ejercicios que refuercen la masa ósea** como caminar muy deprisa. La mayoría de las mujeres no necesitarán repetir la densitometría (prueba que mide la densidad ósea) hasta pasados 15 años, pero aquéllas que padezcan un sobrepeso importante, que hayan sufrido algún trastorno alimentario o que tengan antecedentes familiares de osteoporosis pueden precisar la prueba con antelación.

A partir de los 40 AÑOS

Además de las pruebas a las que deberías someterte con 20 y 30 años, pasados los 40 también deberías considerar las que se mencionan a continuación. Aunque la edad media de la menopausia son los 50, las mujeres de 40 años deberían comenzar a interesarse por los síntomas de este cambio hormonal.

PRUEBAS PARA EL CÁNCER EN EL INTESTINO

Los cánceres de colon y recto son más frecuentes con la edad. Los examenes visuales de las heces ayudarán a detectar sangre en la materia fecal, mientras que la colonoscopia detectará pólipos u otras irregularidades que impliquen algún riesgo.

MAMOGRAFÍA

Cumplidos los 50, deberías someterte a una mamografía anual. Si tienes antecedentes familiares de cáncer de pecho, tu médico puede recomendarte que te hagas la primera mamografía a los 35 años. Esta prueba puede revelar tumores cancerígenos hasta 2 años antes de que el primer bulto se haga palpable.

PRUEBA DE LA DIABETES

Tener una diabetes Tipo 2 significa que el azúcar en sangre se eleva porque no produces suficiente insulina o no la utilizas de forma apropiada. Muchas mujeres padecen diabetes a partir de esta edad, pero el índice se está elevando en mujeres más jóvenes debido al aumento de la obesidad. Hazte un análisis de sangre cada 3 años (sobre todo, si tienes la tensión arterial o el colesterol altos).

DETECCIÓN DE DOLENCIAS CARDÍACAS

La obesidad, la tensión sanguínea elevada, las dietas ricas en grasa y la diabetes alimentan las dolencias cardíacas. A veces las mujeres no reconocen los síntomas de un ataque al corazón porque son más propensas que los hombres a sufrir indigestión, problemas respiratorios o dolores musculares en lugar del clásico dolor en el pecho. Controla el colesterol y vigila la tensión.

Cómo envejecer
con gracia y dignidad

Dicen los expertos que se es tan mayor como uno se siente. Pero si tienes 40 y te sientes como si tuvieras ya 60, es hora de entrar en acción. **La edad es un estado psicológico además de físico,** así que si cuidas tu mente y tu cuerpo, es posible retrasar el proceso de envejecimiento. Sea cual sea tu edad, siempre hay nuevas oportunidades, experiencias y ambiciones que disfrutar. Así pues, espera con ganas tu próximo cumpleaños, abraza la vida y sigue estos consejos para lograr sentirte más sabia y renovada.

PONTE EN **FORMA**

Hacer ejercicio previene muchas enfermedades y te mantiene física y mentalmente en forma. Se engrasan las articulaciones, el corazón bombea y sube la adrenalina. ¿A qué esperas? Coge una raqueta de tenis o una bicicleta, ponte unas zapatillas deportivas y... ¡en marcha! **Apúntate a un gimnasio** y llega a un acuerdo con una amiga para que, por cada clase a la que acudáis, os recompensaréis con un tratamiento de belleza o una sesión de sauna.

MANTÉNTE **JOVEN**

Aprender una nueva habilidad o cultivar un talento existente estimula el cuerpo y el cerebro. Apúntate a alguna clase o aficiónate a un deporte nuevo. La emoción de **hacer algo nuevo y conocer nuevas personas te rejuvenecerá** y te dará la oportunidad de disfrutar de "tiempo para mí".

VISTE BIEN

No tiene sentido vestir *a la última*: parecerá que eres una "víctima de la moda" o que te esfuerzas demasiado. Ahora, ya sabes cuáles son tus mejores rasgos, así que, **crea tu estilo** y ten la seguridad de que te favorece y te hace parecer más joven.

NUNCA ES DEMASIADO TARDE

Si eres economista pero te mueres por ser cantante, o siempre has deseado viajar a América del Sur o has deseado tener un negocio propio. . . **no lo pienses, ¡y hazlo!** No te eches atrás por pensar "Mañana haré algo distinto": reinventa tu vida y hazlo ahora.

MIRA HACIA EL FUTURO

¿Tus 20 años fueron los mejores de tu vida… o desearías seguir siendo una niña cuando las cosas eran más sencillas? **La nostalgia es genial,** pero si todos tus mejores recuerdos pertenecen al pasado, ha llegado el momento de "fabricarte" unos nuevos.

SÉ SABIA

Asume el hecho de que, a medida que aumentan tus años, también aumenta tu sabiduría, experiencia y confianza. Di adiós a la angustia adolescente y la baja autoestima de los 20 años y **da la bienvenida a la calma, sofisticación y control.** Celebra tu edad en lugar de ocultarla.

NO TE PREOCUPES, *BE HAPPY!*

Al hacerte mayor, te darás cuenta de que la vida es demasiado corta y hay cosas por las que no merece la pena preocuparse. **No pierdas tiempo en inquietarte por cosas que no puedes controlar.** Dedícalo a hacer algo emocionante y divertido: ¡te sentirás más joven y más feliz!

CAPÍTULO 6

Vida familiar feliz

Lo más perfecta posible

Todas queremos un hogar en el que resulte cómodo vivir, un lugar donde relajarnos y escapar del ajetreo del mundo exterior. Además, deseamos una casa de la que sentirnos orgullosas y, siendo sinceras, una que "impresione" a nuestros amigos y familiares. En resumen, **todas las amas de casa desesperadas anhelan una cosa: el hogar perfecto.**

Y aunque en el fondo sabemos que la perfección es imposible, **estamos dispuestas a esforzarnos** por acercarnos al máximo a ese ideal -aun con el tiempo y energía limitados que nos quedan después de todos nuestros compromisos laborales y familiares-.

No es una tarea fácil, pero el secreto es una buena organización. También es necesaria una buena dosis de realismo: necesitarás ser capaz de reconocer cuándo puedes hacer una tarea tú misma y **cuándo tiene más sentido delegar** y contratar a un profesional. Sin embargo, con los consejos adecuados y una gran dosis de paciencia, es fácil conseguir un hogar hermoso y feliz.

Cómo ser una "DIVA" de la DECORACIÓN

El primer paso para tener una fabulosa morada es decorarla de un modo sencillo pero estiloso. Pero como **comenzar es la parte más dura**, aquí tienes algunos trucos que te ayudarán en tu tarea.

ELIGE UN OBJETO CLAVE

Cuando decores una habitación desde cero, **no te pases horas hojeando los catálogos de pintura:** puede ser abrumador... y no demasiado útil. En su lugar, busca una tela que te inspire o una alfombra preciosa y elige el color de la pintura a partir de la paleta que éstas te sugieran.

INSTANTÁNEAS FELICES

Lleva siempre contigo una cámara digital cuando vayas a comprar cosas para la casa. **Nunca encontrarás todo lo que quieres en una sola tienda,** por lo que hacer una foto te ayudará a comparar artículos de distintas tiendas. Después, puedes descargarte todas las fotos en el ordenador para combinar y visualizar los objetos en tu casa.

SIGUE TU PROPIO ESTILO

Diseña tu espacio como te guste. Elegir muebles innovadores o estilos de moda puede parecer buena idea en ese momento... pero transcurridos 6 meses puedes haberte aburrido porque están por todas partes... o se han pasado de moda. **Escoge cosas que te atraigan a ti, no a los demás.**

MEZCLA Y SORPRENDE

No temas **mezclar distintos acabados y estilos.** A muchas personas les obsesiona comprar muebles que combinen, pero ésta no es siempre la manera más creativa o interesante de diseñar espacios. Intenta mezclar texturas y materiales: madera, metal y plástico moderno pueden quedar muy bien juntos y son un auténtico "factor sorpresa".

LO MÁS PERFECTA POSIBLE **235** ★

Trucos para VESTIR una HABITACIÓN

- **Cuelga cuadros y espejos a la altura de los ojos** para lograr un aspecto equilibrado.
- **Emplea marcos parecidos** cuando cuelgues cuadros en grupos para así armonizar el conjunto.
- **Cuando cuelgues cuadros agrupados** en la pared, prueba la ubicación con un recorte de papel del tamaño del marco. Esto evitará que cometas errores y hagas un montón de agujeros en la pared.
- **Para dar luminosidad a una habitación,** cuelga un espejo en la pared situada frente a la ventana.
- **Coloca las lámparas de una habitación al mismo nivel.** Esto aporta a la vista una "línea de horizonte" y crea un resplandor similar en toda la estancia.
- **Decora las habitaciones de los niños con su propio arte.** Compra marcos y pon en ellos sus dibujos. A tus niños les encantará exhibir su trabajo, y tú disfrutarás de algunas obras de arte geniales en tu hogar.
- **Coloca accesorios en tríos.** Tres velas agrupadas quedan mejor que dos. Los números impares siempre lucen más en cuestión de accesorios.
- **Llena tus habitaciones de plantas.** Aportan un elemento de vida y animan el espacio.
- **Pon flores frescas allí donde puedas** para hacer que las habitaciones resulten más acogedoras (incluso una sola flor resulta "eficaz").

Cómo conseguir la ayuda que necesitas

Ya sea con la fontanería, pintura o, simplemente con la limpieza diaria, siempre habrá ocasiones en las que necesites **pedir ayuda.**

Por algún extraño motivo, hoy en día resulta casi imposible encontrar profesionales buenos y de fiar que no cobren demasiado. Por eso, cuando tengas que contratar a alguien nuevo, te será de gran ayuda tener un amigo que pueda **recomendarte a alguien** con quien hayan quedado satisfechos. De lo contrario, podrías mirar en los anuncios del periódico o de las tiendas del barrio, o buscar en internet.

Hagas lo que hagas, nunca contrates a la primera persona con la que hables. Llama a varios profesionales antes de decidir a quién contratas, **pide presupuestos por escrito** del trabajo en cuestión y comprueba las referencias que te faciliten.

En el caso de servicios más especializados, como electricidad y fontanería, **comprueba si están registrados como empresa estable.** También merece la pena averiguar si cuentan con un seguro por si las cosas van mal.

Compara presupuestos, pero **no elijas siempre la opción más barata,** sobre todo si parece sustancialmente más económica que las otras. Suele haber un motivo para un precio tremendamente bajo, y puedes acabar con personal que no sea de fiar. Elegir un presupuesto medio es, por lo general, lo más acertado.

Casi todos los profesionales exigen un adelanto para la compra de materiales, pero **procura no abonar el total hasta que el trabajo esté acabado** y estés satisfecha con el resultado; de lo contrario, no habrá vuelta atrás.

Si tienes problemas con el trabajo, expón los problemas y pregunta a los profesionales qué pueden hacer para solucionarlos. Si esto no funciona y ya no lo soportas más, **sé firme, pero educada, y despídeles**. Niégate a pagar cualquier trabajo que no te satisfaga y, si fuera necesario, plantéate emprender acciones legales.

Cuando hayas elegido al profesional idóneo para el trabajo, solicita una fecha fija en la que pueda comenzar. Esto puede resultar bastante difícil, ya que la mayoría están "a tope" y encajan sus trabajos cuando se quedan libres. Conviene **confirmar una fecha que resulte aceptable para ambas partes** para así saber que no te dejarán colgada durante meses esperando una llamada.

Contrata a los
PROFESIONALES

ALBAÑILES
Los buenos constructores son como el oro, así que si conoces uno bueno, no lo sueltes. Es mejor contratar albañiles recomendados por familiares o amigos. Si no encuentras ninguno, pregunta a tus vecinos u otras personas que hayan hecho obras recientemente.

ELECTRICISTAS
Incluso los manitas más entusiastas **deberían dejar ciertos trabajos en manos de un profesional.** De hecho, en algunos países es ilegal realizar trabajillos eléctricos caseros.

DISEÑADORES DE INTERIORES
Los arquitectos y diseñadores de interiores pueden ayudarte a sacar lo mejor de tu hogar. Tal vez creas que son un lujo carísimo, pero una tarifa única **podría transformar tu hogar** en algo extraordinario.

PINTORES
La gente a veces se siente culpable por contratar a pintores y decoradores porque consideran que es un trabajo que pueden hacer solos. Pero **si dispones de poco tiempo** y no quieres dedicar tus tardes y fines de semana a hacerlo, será un dinero bien empleado. El pintor vendrá y hará su trabajo deprisa y, generalmente, con resultados mucho mejores.

JARDINEROS

Los jardines bien cuidados pueden proporcionar horas de placer para toda la familia. Pero también pueden **exigir mucha dedicación** y robarte el tan preciado tiempo libre. Un buen jardinero puede realizar todas las tareas difíciles y aburridas como cortar el césped y cavar, dejándote a ti el cuidado de las florecitas.

SERVICIOS DE *CATERING*

Ya prepares una cena íntima o un acontecimiento a gran escala, **cuando quieras impresionar,** merece la pena contratar un servicio de *catering*. La mayoría hará todo, desde preparar y cocinar la comida hasta llevar y lavar los platos y vasos. Así que, sólo tienes que acomodarte y jugar a ser la anfitriona perfecta... ¡una delicia!

ASISTENTA

Cuando llevas un estilo de vida frenético, **contar con una buena asistenta es una bendición.** Son como pequeñas "hadas", que llegan y vuelven a dejar tu casa perfecta mientras estás trabajando. Casi todas las empresas de limpieza ofrecen una gran variedad de servicios, desde unas cuantas horas a la semana hasta limpiezas anuales.

De ama de casa desesperada a diosa doméstica

Así que has pintado, lijado y limpiado, y te encanta cómo está tu casa... pero sólo durante los primeros minutos, cuando se va el servicio de limpieza. El resto del tiempo sientes que tu espacio está lleno de trastos y tienes la sensación de pasarte todo el tiempo recogiendo lo que esparce tu familia. Asúmelo: es imposible salvaguardar tus habitaciones de papeles y juguetes. He aquí cómo **despejar tu espacio y mantenerlo organizado.**

Cómo llevar a cabo una TRANSICIÓN SERENA a un hogar más tranquilo

PROGRESA POCO A POCO

En lugar de sentirte abrumada por la enorme tarea que es recoger toda la casa, **haz las mejoras poco a poco:** te ayudará a mantener la cordura. Además, resulta gratificante ver cómo las cosas mejoran lenta y progresivamente.

SÉ DESPIADADA CON LOS OBJETOS

Si te sientes incómoda tirando algo, plantéate algunas preguntas brutales: **"¿Necesito esto?", "¿Lo utilizo?"** y **"¿Es el mejor lugar para ello?".** Si respondes no a alguna de estas preguntas, ya conoces la respuesta: tíralo. Deshacerte de cosas que no necesitas creará espacio para cosas mejores que aparezcan en tu vida, tanto materiales como emocionales.

RESERVA TIEMPO PARA RECOGER EN TU AGENDA

Dedica tiempo para recoger las cosas. Es más, deberías ponerlo en tu **lista de "cosas por hacer"** o en el calendario como una cita ineludible.

IMAGINA TU HOGAR ORGANIZADO

Visualiza cada día cómo desearías vivir... y con el tiempo lo conseguirás.

TIRA ANTES DE COMPRAR

Antes de salir a comprar ropa, muebles o adornos
nuevos, haz limpieza y tira todo aquello que
no quieras. **Ganarás espacio** y te ayudará a
concentrarte en comprar únicamente las cosas
que de verdad necesitas.

RECOGE AL COMPÁS

Después de cocinar, planchar o usar algo, recógelo.
Parece sencillo, pero supone una gran diferencia.
Acostumbra a tu marido e hijos a hacer lo mismo.

CREA UN ARCHIVO

Prepara un clasificador para todos los papeles
y facturas que acaban desperdigados por toda
la casa. Después, divídelo en secciones como
"tarjetas de crédito", "electricidad" o "facturas
de teléfono", y así dispondrás de un directorio
accesible para todo tu papeleo.

PLANIFICA LAS COMIDAS

Puede sonar tedioso, pero ahorra tiempo: **planifica
con antelación las comidas de la semana y compra en
consecuencia.** Si de verdad te gusta cocinar, dedícate a
ello el fin de semana, cuando tienes más tiempo y estás
relajada para disfrutar. Si te disgusta cocinar, hazlo, pero
enseña a tus hijos y a tu pareja: uno de ellos podría
albergar una "pasión por la cocina" que te aparte de los
fogones para siempre. Experimentar con platos originales
también mantendrá a raya el aburrimiento
y te proporcionará un reto.

Combate el caos

El desorden **aumenta exponencialmente** dependiendo del número de personas que viven en un espacio, pero existen diversas formas de organizar las pertenencias de todos y controla el caos natural.

ARRÉGLALO DE INMEDIATO

Cuando esté roto, debes arreglarlo, y deprisa. **Todo aquello que no funcione bien en la casa te sacará de quicio, aunque se trate de algo tan pequeño como un picaporte suelto o un grifo que gotea.** No esperes a cambiar las bombillas y fusibles. **Ten a mano una pequeña caja de herramientas** para arreglos menores.

GUARDA Y ALMACENA

Nunca se tiene suficiente sitio para almacenar cosas. **Aprovecha los espacios bajo la cama y bajo las escaleras** para guardar trastos, y compra cajas de cartón apilables para guardar la ropa de temporada, juguetes infantiles, o cualquier cosa que quieras guardar pero no necesites tener a mano. Una mesa de comedor con cajones o una mesita auxiliar que se desdoble serán una buena inversión.

HABITACIONES **INFANTILES**

Organiza las habitaciones de los niños según la altura a la que alcancen: desciende hasta su altura y comprueba si las cajas están almacenadas demasiado altas o los libros están a mano. **Organiza desde el suelo hacia arriba.** Procura que las cosas sean fáciles de guardar y difíciles de sacar. Etiqueta las cajas con una palabra y un dibujo.

UN SITIO PARA **CADA COSA**

Cada objeto debería tener un lugar asignado que conozcan todos los miembros de la familia. Ésta es la clave: informa a todos para que nadie piense que otros "ocultan" cosas. Las llaves deberían estar colgadas en un llavero con ganchos cerca de la puerta, los abrigos en percheros, etc.

CREA UN **"CAJÓN DE SASTRE"**

Ten un lugar donde todos puedan **dejar cualquier cosa que no tenga "hogar"** o que no sepan dónde va. Cada semana, traslada los objetos de este cajón a su sitio, o encuéntrales uno si no tienen.

Viviendo la vida lujosa

Cuando decores tu hogar o compres cualquier objeto nuevo, desde una vela hasta un sofá, **plantéate el "cociente-lujo".** Un hogar con un aspecto, ambiente y aroma maravillosos aumentará notablemente tu sensación de bienestar y dará una cálida bienvenida a los invitados.

1. **Elige materiales con textura** como el cuero, y telas suaves para los muebles, alfombras, almohadas y colchas. Crearán un ambiente cómodo que te invitará a la relajación. Incluso los pequeños toques pueden tener su efecto.

2. **Las velas proporcionan luz, calor y aroma**, caldeando una habitación fría, arrojando una luz cálida, y transmitiendo un *tono emocional*. La velas más grandes aportarán más fragancia ya que, cuanto mayor sea la cantidad de cera, más aroma se evaporará. Las flores frescas huelen bien y adornan mucho.

3. **Los espejos reflejan la luz** y hacen que una habitación pequeña parezca más grande. Los marcos dorados aportan elegancia.

4. **Elige una paleta neutra minimalista,** y luego utiliza el color en los accesorios.

5. **Observa el acabado y la forma de los objetos** y procura que combinen: esto es más importante que tener todo del mismo estilo.

6. **No seas "voluble" con los niveles:** opta por un estilo de muebles bajos o altos, pero mezclar en exceso puede crear un ambiente molesto y nada equilibrado.

Transforma tu dormitorio

Tu dormitorio debería ser el **lugar donde poder refugiarte** del mundo exterior, donde poder relajarte sin que te molesten. Después de todo... ¿Cómo puedes plantearte tener buen sexo con un montón de facturas sin pagar... o una pila de calcetines sucios ahí fuera?

RECOGE LOS **TRASTOS**

La ropa, papeles y juguetes amontonados machacarán tus ganas de descanso y romance. **Guarda cualquier cosa que no tenga que ver con la relajación o el amor** en otra habitación. Y deja la colada -sucia o limpia- escondida en el armario.

BUSCA UNA LUZ **SUAVE Y SEXY**

La iluminación del dormitorio perfecto debería ser suave y de bajo voltaje. **Plantéate instalar un regulador para la luz del techo,** así podrás variar el ambiente de la habitación con facilidad. Abandona las luces potentes y opta por lámparas de mesa. Claro está, el resplandor de la luz de las velas es la forma de iluminación más sexy y atractiva. Para simbolizar una relación cálida y feliz, pon 2 velas juntas... y si son aromáticas, mejor que mejor. Los mejores aromas para el dormitorio son el almizcle y la vainilla.

MEJORA LA **CAMA**

La cama es la pieza central de la habitación. **Compra la más grande que te puedas permitir** y que quepa en el dormitorio. No hay nada mejor que una cama grande en la que revolcarse. Para dar vida a tu cama actual, instala un dosel romántico o una "cúpula" de tul.

UN MILLÓN DE ALMOHADAS

No hay nada más sensual que una cama cubierta
con cojines y almohadones "espojosos". Convierte
tu cama en un lugar que tu pareja nunca quiera
abandonar comprando **las sábanas y fundas más
suaves.** Aunque las sábanas buenas son caras, la
inversión merece la pena. Elige telas suaves como
el algodón peinado, muy suave al contacto.

AROMAS y SENSUALIDAD

Tu nariz está conectada al sistema límbico
del cerebro, que controla la libido. Por eso,
determinados **aromas pueden evocar recuerdos
y humores específicos,** y también pueden
predisponernos para el amor. Añade varias
gotitas de tu aceite de aromaterapia favorito
cuando laves las sábanas en agua caliente. Otro
truco consiste en llenar de agua un pulverizador
y echar en él unas gotitas de tu aceite o perfume
favorito para después pulverizar las sábanas…
El aroma durará semanas.

BUSCA EL EQUILIBRIO

Según el Feng Shui, **los dos lados de la cama
deberían estar equilibrados.** Es decir, que si en tu
lado tienes una mesita y una lámpara a un lado,
debería haber lo mismo en el lado de él, aunque
no exista dicho "él". La idea es que transmite
señales de que estás preparada para tener una
pareja en tu vida y que dispones de espacio para
él, tanto literal como figuradamente.

Cómo organizar
la cena perfecta

Organizar una gran cena es una de esas cosas que cada ama de casa sofisticada que se precie cree que debería ser capaz de hacer. Por desgracia, las cosas no son tan sencillas: **desde decidir qué cocinar hasta concretar los invitados, la tarea puede estar llena de retos y desafíos.**

Muchas acabamos, al más puro estilo Bridget Jones, utilizando todas las cazuelas que tenemos en un intento de emular alguna pretenciosa creación de un libro de cocina, sólo para terminar envueltas en el más **completo desastre culinario.** Es una de las grandes curiosidades de la vida: tener gente a cenar puede transformar al individuo más razonable en un histérico.

Pero no tiene por qué ser tan difícil. El truco consiste en hacer creer a los demás que varios *chefs* de la "Guía Michelín" han estado trabajando en nuestra cocina cuando, en realidad, has solucionado todo 10 minutos antes de irte a trabajar.

CONOCE A TUS INVITADOS

Si la cena es un acto informal con amigos, no debería surgir ningún problema. Pero si es un asunto de trabajo formal, trata de **averiguar los gustos y preferencias,** y si alguno de los invitados es vegetariano, tiene alguna prohibición específica en su dieta, o hay algún alérgico.

NO TE COMPLIQUES

Sigue el consejo de los grandes cocineros y **cocina platos sencillos y sabrosos.** Si es posible, procura que un plato sea frío para no estar constantemente mirando el reloj. No intentes preparar un plato complicado que nunca antes hayas cocinado: es mejor evitar los posibles riesgos e ingredientes difíciles.

PREPARA, PREPARA, PREPARA

Al fin y al cabo, tú eres la anfitriona y deberías pasar el máximo tiempo posible con tus invitados. Si estás nerviosa y te pasas el rato corriendo de un lado a otro, la gente se sentirá incómoda. Hay **muchas cosas que puedes hacer antes de que lleguen los invitados:** sirve los aperitivos fríos, refrigera los postres, prepara las salsas, pon la mesa y saca algo de picoteo.

PIENSA EN CONJUNTO

Prepara platos que combinen bien entre sí y **no repitas ingredientes en las distintas recetas.**

NO SIRVAS GRANDES CANTIDADES

Tus invitados se sentirán incómodos y pensarán que tienen que comérselo todo si hay demasiada comida en sus platos. Tal vez desees servir el plato principal, como carne o pescado, y ofrecer las verduras por separado. Y **prepara más salsa de la que necesites:** la gente siempre pide más.

AUTOSERVICIO

Si la cena es una reunión informal de amigos, un bufé es una excelente manera de reducir las complicaciones. **Haz una selección de platos interesantes** -fríos y calientes-, ponlos en la mesa y deja que cada uno se sirva lo que quiera. Las tapas, la *fondue* y el *sushi* son opciones estupendas para una cena sencilla e íntima.

ELIGE EL VINO IDÓNEO

Si no estás segura, **pide consejo en una vinacoteca.** Explícales lo que vas a servir y pídeles una recomendación que se adapte a tu menú y presupuesto. Y no te olvides de servir agua mineral con la comida.

LA HABITACIÓN

Procura que la casa esté limpia y ordenada, y que huela dulce. **Velas, flores y lucecitas aportarán los toques finales perfectos.** Y sé imaginativa: si tu mesa es diminuta, o ni siquiera tienes una, cubre el suelo con cojines y almohadas y organiza así una cena informal "exótica".

DIVIÉRTETE

Una copa de vino relaja en situaciones estresantes... Pero procura que la copa no se transforme en una botella hasta que hayas acabado de cocinar. **En cuanto la comida llegue a la mesa, relájate:** además de para tener la oportunidad de impresionar con tus habilidades culinarias, la razón por la que invitaste a cenar fue para disfrutar de su compañía. Las mejores fiestas son aquéllas en las que la anfitriona se relaja y se divierte, y no trata de que todo marche a la perfección.

Cómo dar una buena fiesta

Muchas de las reglas mencionadas para las cenas son importantes para el entretenimiento informal, aunque todo es más relajado. Sin la estructura de la mesa, relacionarse resulta mucho más natural. Aquí tienes algunos **consejos para hacer que todo el mundo se sienta más cómodo,** ya sea en una "merendola" improvisada para unos amigos, una gran fiesta de cumpleaños o una barbacoa veraniega.

1 **Las invitaciones** deberían enviarse como mínimo 1 mes antes de la fiesta, y los invitados deberían confirmarlo 2 semanas antes.

2 **Alquila sillas y mesas** si no tienes suficientes. Estudia el lugar para ver qué posibilidades ofrece para sentarse.

3 **Organiza la comida** de manera que nunca falte. Así, cuando una bandeja (de aperitivos, tapas o carne para barbacoa) se acabe, puedes sacar otra. Todas deberían contener la misma variedad.

4 **Presta atención a los invitados que estén solos** y asegúrate de ponerlos en contacto con otras personas. El objetivo es que todo el mundo esté acompañado.

5 **Ten siempre bastantes bebidas para los que no consuman alcohol.** No des por sentado que todo el mundo quiere vino o cerveza.

6 **Presenta a las personas nuevas** a tu círculo de amigos. Algún día te lo agradecerán.

7 **Avisa a los vecinos.** Esto es muy importante si vas a celebrar una barbacoa o una fiesta en el jardín.

8 **Elige tapas** que no tengan salsas complicadas (y asegúrate de que combinan bien entre sí).

9 **Ten siempre más comida** y bebida de la que creas que vas a necesitar, suficientes vasos y té/café para el final de la noche.

10 **Sé consciente de que siempre ocurren accidentes,** así no te entristecerás cuando ocurran, forma parte de la preparación. No corras a limpiar la bebida derramada: parecerás un ama de casa neurótica.

11 **La música es esencial.** Proporciona sonido de fondo al principio, cuando hay poca gente. Puede ser el detonante de una conversación y está ahí por si alguien tiene ganas de bailar.

12 **Planifica el final.** Ten a mano el número de teléfono de varias empresas de taxis.

Cómo enfrentarse a los invitados difíciles

AVERIGUA
A LO QUE TE ENFRENTAS

Cuando sepas exactamente cuántas personas vienen y cuánto tiempo van a quedarse, puedes prepararte mentalmente, **no te dé vergüenza preguntar.** Si te resulta difícil, finge que estás planeando marcharte o que esperas a otros invitados y necesitas organizarte. No saber cuántas personas te llegan -ni cuánto tiempo planean quedarse- es muy estresante. Es tu hogar y tienes derecho a saber estas cosas con antelación. Lo último que deseas es que tu tía venga a pasar 2 semanas y se quede contigo durante 2 años. Cosas más raras se han visto...

INVOLUCRA A **LA FAMILIA:**
TODOS DEBEN AYUDAR

Lavar y planchar, comprar comida y limpiar son tareas que llevan mucho tiempo. Así pues, **pide a tu pareja y a tus hijos que te ayuden** el día antes de que lleguen los invitados; servirá para que no te sientas estresada y agotada antes de que suene el timbre de la puerta. Si cuentas con una persona que se ocupa de la limpieza, pídele que haga horas extra el día antes, o cambia el día para ajustarlo a tus invitados.

NO ENTRETENGAS A
A TUS INVITADOS **TODO EL DÍA**

Asumir la responsabilidad plena del horario y necesidades diarias de tus invitados acabará volviéndote loca. También depende de ellos esforzarse por estar ocupados, sobre todo si tú trabajas. **Deja que los invitados salgan por su cuenta** durante algún tiempo, y no caigas en la trampa de convertirte en guía turística extraoficial. Se te agotará la paciencia en 1 ó 2 días. No dudes en reservar tiempo para ti y tu pareja. Salid de compras o a comer fuera... ¡y no te sientas culpable!

MANTÉN TUS
RUTINAS

Las cosas serán un poco diferentes cuando tienes la casa llena de gente, pero si normalmente te vas a la cama a las 10 y te quedas hasta medianoche... no confíes en rendir bien al día siguiente. **Tus invitados deberían adaptarse a tus hábitos de vida.**

Lo mismo ocurre con las clases, reuniones y otros acontecimientos sociales: manténlos. Si se lo comunicas a tus invitados con antelación, no serás maleducada. Claro está, deberías dedicar algo de tiempo a tus invitados y a procurar que su estancia sea lo más agradable posible... pero no hasta el punto de que interrumpan toda tu vida o, de lo contrario, comenzarás a resentirte.

HAZ QUE TUS INVITADOS TE AYUDEN

Dar de comer a invitados hambrientos 3 veces al día puede ser estresante, por no decir cansado. **Prepara tanta comida con antelación como puedas, cocinando y congelando,** y no te asuste pedir a tus invitados que se cocinen ellos mismos algunas comidas, sobre todo si se quedan más de 2 días. Y si no se ofrecen a lavar los platos… ¡pídeles que lo hagan! Con frecuencia los invitados preguntan "¿Te ayudo?". Pues bien, en lugar de decir "no", acepta su oferta y delega tareas.

MÁNDALES A LA COMPRA

Comprar comida para el doble de personas es muy complicado y **puede ser muy caro.** Aunque a todas nos gusta agasajar a los familiares y amigos, si la gente se queda en tu casa durante más de un fin de semana, no pueden dar por hecho que vas a pagar todos sus gastos. Haz una lista y pídeles que vayan al supermercado.

RECUÉRDALES DE QUIÉN ES LA CASA

Si no dejas que tus niños salten en el sofá, entonces los suyos tampoco podrán hacerlo. No temas establecer horas regulares para las comidas o para ir a la cama, sobre todo si tus hijos están acostumbrados a ello. Si hay cosas que son importantes para ti, es mucho mejor **dejarlas claras desde el principio** antes de que se conviertan en un problema. Es tu casa… y las personas que estén en ella deben respetar tus reglas.

PROTEGE
TU HOGAR

Será mejor que **escondas cualquier objeto valioso** si tus invitados tienen niños pequeños. Hazlo antes de que lleguen, para así no pasarte todo el tiempo rescatando DVDs y adornos caros de las manos de los "pequeños inquilinos". Guarda los objetos rompibles que estén a su altura, y cierra con llave los armarios que contengan la tele o el aparato de música.

SIMPLEMENTE
DI NO

Lo último que debes recordar sobre ser anfitriona es **no sentir que tienes que estar disponible para cualquier sugerencia** de tus invitados. Si deseas irte a la cama y ellos quieren ir a la ciudad, deja que vayan solos. Y si sus niños quieren pasar horas en internet o escuchando música a todo volumen, tienes todo el derecho a decir "¡Basta!".

Relacionándote con los nuevos vecinos

Ahí va otra vez: pavoneándose con su vestido *Prada* y sus tacones *Gucci*, con su alto y apuesto marido y sus 3 preciosísimos hijos. Cuando una mujer *glamourosa* con una vida perfecta llega al vecindario, puede hacer que te sientas un poco desplazada. Ten cuidado: **no hay emoción más destructiva que los celos.** Así es como puedes apaciguar esos sentimientos de "inferioridad vecinal".

ACEPTA QUE TODO EL MUNDO TIENE PUNTOS POSITIVOS

Las personas nacen con distintas virtudes y debilidades: unas son listas, otras delgadas; unas son hermosas, otras tienen muchos amigos, y otras poseen talentos creativos... lo que sea. Las personas no son iguales y, con frecuencia, no valoran las cosas buenas que la vida les ha dado. Tú probablemente tengas cosas de las que ella sienta celos. **No te obsesiones con ello.**

NO COMPARES

Siempre habrá personas que sean más ricas, hermosas y exitosas que tú, pero también al contrario. Las comparaciones no sirven para nada, salvo para hacerte sentir desesperadamente infeliz. **Trata de sentirte satisfecha con lo que tienes y disfrútalo**. Si te sientes insatisfecha, intenta descubrir lo que hay bajo ese sentimiento. Con frecuencia, revela mucho más acerca de tus sentimientos de inferioridad e inseguridad que del objeto de tus celos. Las técnicas de autoayuda, como el pensamiento positivo y la terapia conductual cognitiva, pueden ayudarte a aprender mucho de ti misma.

EVITA LA TRAMPA DEL **MATERIALISMO**

Si tu vecina o tu mejor amiga se compra un yate, se va de vacaciones a un lugar exótico o comienza a dar muestras de que lleva un nivel de vida superior, trata de **alegrarte por ellas sin necesidad de superarlas.** La competencia es sana si te incita a sacar lo mejor de ti, pero si el objetivo es comprar más "cosas", tal vez debas replantearte tu sistema de valores personales y lo que te hace feliz.

CONSUÉLATE CON TU ESTABILIDAD FINANCIERA

Consuélate sabiendo que **gastas dentro de tus propios límites.** Quizá no tengas esa televisión nueva ni ese descapotable... pero tampoco estás en bancarrota.

NADIE TIENE UNA VIDA PERFECTA

Nadie tiene una vida fácil de principio a fin: tod@s nos encontramos con problemas y momentos difíciles. Ella puede tener todo el dinero del mundo, pero tal vez su marido la ignora cuando están solos. Su carrera puede ser genial, pero uno de sus hijos quizá tenga dificultades de aprendizaje... Y es posible que tú no sepas estas cosas. **No seas simple y mires sólo la fachada** que ella decide enseñar al mundo. El coche nuevo puede haberse comprado a crédito, y el reciente giro de su carrera tal vez no sea tan feliz como ella lo presenta.

SÉ AMABLE

No veas todo contacto como una competición. **Deja claro que no vas a entrar en el juego,** las demás pueden jugar solas. Conocerás personas que presumen de sus logros, adquisiciones, éxitos de sus hijos, etc. La mejor manera de tratar con ellas es sonreír amablemente, mostrar aburrimiento y charlar sobre cosas que os interesen a las dos.

Instalarse en un
nuevo vecindario

Mudarse de casa, sobre todo cuando vas a una zona nueva, es **una de las cosas más estresantes que harás jamás.** El solo hecho de pensar en "desarraigar" a tu familia vendiendo la casa, encontrar un sitio nuevo para vivir, empaquetar e instalarse puede hacer subir la tensión de la persona más tranquila hasta niveles peligrosos. Tantas decisiones, tanta incertidumbre, tantos ajustes... Pero tu actitud hacia una mudanza suele influir mucho en cómo marchará el proceso.

Si te enfrentas a este desafiante proyecto, trata de verlo como una oportunidad fantástica para vivir en un lugar nuevo. Considéralo como una aventura. No es fácil sentirse como en casa en un nuevo vecindario pero, con tiempo y esfuerzo, las recompensas siempre valen la pena. Los siguientes pasos te ayudarán a que las cosas vayan sobre ruedas:

ORGANÍZATE

Crear un hogar ordenado debería ser tu primera prioridad. Desempaquetar resultará menos desalentador si divides la tarea y no tratas de hacerlo todo de una sentada. **Haz una lista de lo que necesita hacerse.** Considéralo como una gran oportunidad para tener una casa organizada, aunque sea por poco tiempo, ¡antes de que empiece a prevalecer el inevitable desorden!

LO PRIMERO: **LA COMIDA**

Comienza organizando los artículos de cocina para que comer y beber no sean un problema, ya que la falta de comida es un motivo para que la familia se ponga de mal humor. No te preocupes por la cena del primer día: **probad uno de los nuevos restaurante de comida a domicilio.**

DUERME BIEN

Haz las camas lo antes posible. Si consigues dormir en tu propia cama y **tomar un buen desayuno,** te sentirás en forma para enfrentarte a la tarea que tienes ante ti.

AYUDA A LOS NIÑOS A INSTALARSE

Cuanto más se involucren los niños en la mudanza, menos preocupados y molestos estarán. Conocer el nuevo entorno es esencial, así que guarda en una caja todos los juguetes y pertenencias especiales de tus hijos y desempaquétalas nada más llegar. **Involucra a tus hijos** en la decoración de su nuevo dormitorio.

COMIENZA A EXPLORAR

Una vez retomadas las rutinas habituales, los niños pueden explorar más. Da a los niños mayores los números de teléfono de emergencias y anímales a aprender todo lo que puedan sobre la nueva zona antes de mudarse. Si es posible, lleva a los niños a **visitar sus nuevos colegios y a conocer a los profesores.**

ENCONTRAR CUIDADORES

Una de las primeras cosas que debes hacer es encontrar alguien que cuide de los niños. **Busca en los periódicos, pregunta a otros padres y cuidadores,** y plantéate la opción de los grupos vecinales, guarderías o agencias de canguros. Si sólo necesitas ayuda de manera ocasional, quizá encuentres un "círculo de canguros", en el que los padres del vecindario roten para cuidar de los niños de los demás.

5 CONSEJOS para que la mudanza SEA MÁS FÁCIL para los niños

1 **Organiza primero las habitaciones de los niños.** Esto les dará una sensación de familiaridad además de un lugar para relajarse, colocar sus cosas o jugar mientras organizas.

2 **Da paseos cortos** por el vecindario. Es una excelente forma de conocer a los nuevos vecinos y posibles amig@s.

3 **Dibuja un mapa del vecindario** con los niños, indicándoles la ubicación del colegio, del parque y de las tiendas. Esto hará que adquieran confianza para orientarse en la nueva zona.

4 **Localiza los grupos del barrio/de la zona** en los que estabais involucrados en vuestro anterior domicilio: iglesia, deportes, organizaciones, actividades culturales y sociales.

5 **Organiza una visita al colegio de tus hijos.** Además de las clases, localiza la biblioteca, cafetería, patios y parada de autobús.

Cómo hacer NUEVOS amigos

★ Anima a los pequeños a participar en actividades locales. Ésta es probablemente la mejor manera de conocer nuevos amig@s. Podría tratarse de un equipo deportivo, un club de algún interés especial, etc. Al mismo tiempo, ayúdales a mantener el contacto con sus antiguos amigos.

★ Queda con compañeros de trabajo o familias del nuevo vecindario para que los niños más pequeños se conozcan.

★ Busca actividades a las que puedan apuntarse los niños en edad escolar, como equipos deportivos, clubes, talleres y clases. Conocer otros niños con las mismas aficiones aumenta sus posibilidades de hacer amig@s.

★ Toma la iniciativa y preséntate a los vecinos. Los mejores amigos de tus hijos -o tuyos- pueden estar viviendo literalmente en *la casa de al lado*.

★ Invita a tus nuevos vecinos a tomar un café si te los encuentras en algún bar o acontecimiento social. Así, podrás entablar una conversación mientras te ponen al día de quién es quién.

★ Cuando estés más o menos instalada, invita a tus vecinos, sobre todo a los que tienen niños, a una barbacoa o cena informal para que los niños puedan conocerse en un ambiente relajado.

★ Cuando te inviten a hacer cosas, di "sí" aunque te dé vergüenza, no sepas cómo llegar a casa de la anfitriona, o no sepas qué llevar.

Vecinos del infierno y qué hacer con ellos

Es lunes por la noche, es más de medianoche y parece poco probable que vayas a *pegar ojo* en las próximas horas. Normalmente no te importaría tanto, pero después de haber pasado las dos últimas noches en vela porque tus vecinos estaban de juerga nocturna, **estás a punto de matarlos.** Se te acelera el corazón, aumenta tu nivel de estrés y tienes visiones de formas violentas para lograr el silencio.

Tener unos vecinos infernales es una pesadilla y puede provocarte mucho estrés. Un perro que ladra, un jardín sucio, o incluso alguien que hace bricolaje por la noche, pueden perturbar tu vida y la de tu familia. Entonces, **¿qué puedes hacer?**

Trata de conocer a tus vecinos cuando lleguen al vecindario. Es más fácil resolver problemas si ya os habéis movido en *terreno neutral* o *amistoso*.

Habla con tu vecino cuando el ruido sea excesivo. Puede ser difícil, pero con frecuencia la gente no se da cuenta de que hace ruido y cambiará voluntariamente su rutina para no molestar. Si te preocupa que se puedan enfadar si te quejas, pide a alguien que vaya contigo como apoyo.

Toma nota -si el problema continúa durante más de 1 semana o empeora- sobre cuándo empezó, cómo ha ido aumentando y qué lo causó. Anota también las conversaciones que tengas con tu vecino.

Asegúrate de no ser un vecino ruidoso antes de quejarte de otros. Es importante recordar que tú también podrías estar haciendo ruido. Si puedes oír a tu vecino, es probable que también puedan oírte a ti.

Los niños y el perro del vecino no son conscientes de tu deseo de silencio. Asume que la gente, a veces, no ve los defectos de sus mascotas e hijos. Aunque éste podría no ser el caso... no te están provocando deliberadamente.

Si todo lo demás no funciona, pide a las autoridades competentes que visiten tu casa para escuchar el ruido y, si coinciden en que es demasiado alto, darán un aviso al vecino, que podría acabar en el juzgado si no resuelve el problema.

¿Y si te hacen algo? Si te da miedo quejarte, a los vecinos o a las autoridades locales por temor a represalias contra ti o tu propiedad, tal vez sea el momento de plantearse cambiar de casa.

Sé un buen vecino. Avisa a las personas de tu calle cuando planees una fiesta, ya se trate de una gran celebración por tu 40 cumpleaños o una fiesta de disfraces infantil. Si la gente lo sabe de antemano, seguramente se quejen menos. También sentirán que estás considerando sus necesidades y establecerás el tono en el vecindario.

Ten cuidado. No subestimes el nivel de "brutalidad" al que pueden llegar los conflictos entre vecinos. Los vecinos que se disparan o que envenenan al perro de otro son raros… pero existen. Si no puedes -o no quieres- cambiar de casa, plantéate buscar un mediador antes de que las cosas se *pongan feas*.

Potencia tu vida social

A los 20 años, los bares y discotecas son el centro de la acción. Pero cumplidos los 30, **tu gusto por las actividades sociales evoluciona** de alguna manera. Te vuelves más exigente sobre cómo emplear tu tiempo libre y los bares llenos de humo, donde resulta imposible encontrar un asiento y te empujan por todas partes, ya no tienen el mismo atractivo.

Al mismo tiempo, los años que vives ahora pueden ser muy ajetreados, dejándote tan agotada que lo único que puedes hacer es caerte rendida en el sofá al final de otro día frenético. Pero no dejes que tu vida diaria te prive de "tiempo social". Salir de casa y relacionarse con otros -estés casada o soltera, tengas niños o no- es **importante para la salud mental de todos.**

Queda con tus amigos directamente después del trabajo en lugar de pasar por casa: resulta demasiado tentador hibernar cuando ya estás dentro, sobre todo en invierno o si tienes exigencias familiares. **Contrata una canguro un día al mes** para que así tengas una tarde que desees con ganas. Cuando hay niños en la casa, es fácil pasarse semanas y meses sin salir por la noche. Procura convertirlo en un día para salir con tu pareja, pero aprovéchate también de formar parte de una pareja y estableced noches de "chicos" y "chicas", en las que cada uno salga en solitario con los amigos o amigas, mientras el otro cuida de los niños.

Dónde IR
cuando tienes más de 35

Utiliza tu imaginación para hacer la noche más interesante. En lugar de ir a los lugares de siempre, investigad locales: sorprende a tus amigos o a tu pareja con algún lugar diferente. No sólo haréis algo nuevo, y posiblemente aprendiendo algo en el proceso, sino que también será bueno para tu crecimiento personal y estimulación mental.

CÉNTRATE EN TUS AFICIONES PERSONALES

Prueba un nuevo grupo, deporte o afición que te interese y apúntate a unas clases o a un club. Puede ser cualquier cosa: desde un club de tenis o teatro *amateur* hasta una clase de idiomas o arte. Automáticamente, tendrás un interés común con las personas que conozcas y ampliarás rápidamente tu círculo social. **Plantéate únicamente las cosas que de verdad te interesen** y que propicien situaciones de grupo que te permitan conocer a personas nuevas. Llega temprano para disponer de tiempo para charlar con otros y no tengas prisa por marcharte después de la clase: propón a tus compañeros la idea de tomar algo.

SÉ UN BUITRE
DE LA **CULTURA**

Presta atención a las exposiciones, conciertos o estrenos cinematográficos interesantes a los que puedas asistir. Muchos museos y galerías de arte ofrecen visitas nocturnas y tienen un restaurante o bar donde ir antes o después. **O planea una noche en el teatro** para disfrutar de esa obra sobre la que has leído tantas críticas.

TIENTA A TU
PALADAR

Cuenta con un compañero gastronómico -ya sea un amigo o tu pareja- y acudid a 4 ó 5 restaurantes a los que siempre hayáis deseado ir. Una noche con buen vino, buena comida y excelente compañía es **una forma maravillosa de relajarse después de un duro día.** Y tal vez descubras un interés por la cocina o la cata de vinos.

SAL A **PASEAR**

Las cosas más simples pueden ser los placeres más grandes. **No hay nada mejor que pasear en un día hermoso.** El sonido de las hojas agitándose al viento, el canto de los pájaros y la sensación de volver a la Naturaleza. Harás ejercicio y saldrás de casa.

PONTE EN FORMA
CON AMIGAS

Acude a una clase de gimnasia con amigas o apúntate a un curso para no echarte atrás en el último minuto. **Cualquier deporte en equipo puede ser una buena *ocasión social*.**

Cuando estás "de guardia" con los niños

Por mucho que quieras a tus hijos, no hay necesidad de renunciar a la compañía de los adultos sólo porque estés con ellos 24 horas/7 días a la semana. Hay métodos para organizar actividades sociales divertidas para adultos y para niños.

REUNIONES FAMILIARES

Organiza una reunión familiar.
Tus niños se divertirán con sus primos, mientras tú repasas recuerdos con tus hermanos, tías y tíos.

DE EXCURSIÓN

Haz excursiones de día con otra familia. Id a la playa, de paseo por el campo, a un lugar histórico, de paseo en bici a una reserva natural, o a cualquier sitio a donde no hayas ido. **Casi todas tus amigas estarán deseosas de apuntarse,** sobre todo si ellas se encuentran en una situación similar con niñ@s.

INVITADOS DE FIN DE SEMANA

Si tu casa es grande, invita a otra familia a quedarse el fin de semana. No tiene por qué ser estresante, pero para que sea lo más informal posible, no te preocupes por que todo el mundo tenga que hacer. Los niños se divierten con cualquier cosa y los adultos estarán felices si los niños están entretenidos. Para un fin de semana especial, **reserva un hotel con otra familia.** Los niños podrán participar en cualquier actividad que haya mientras los adultos *socializan*.

QUÉDATE EN CASA, PERO **NO** SOLA

Si tu presupuesto no te permite salir ni contratar una canguro, **invita a tus amig@s a cenar a casa.** Anima la velada sugiriendo un tema y pide a los invitados que traigan algo como música, comida y bebida. Organiza una noche de chicas para jugar una partida, ver una película o daros una "sesión de belleza", mientras comentáis las últimas tendencias en moda y maquillaje. Manda a tu hombre con sus amigos… y también él estará contento.

Vida social después del divorcio

Después de una ruptura matrimonial es normal sentirse un poco dolida, y a veces **pensar en relacionarse otra vez puede resultar muy desalentador.** Tal vez no te sientas cómoda viendo a viejos amigos que te recuerdan el pasado, mientras que la idea de conocer nuevas personas te aterra.

Si tienes niños, hacer cosas con ellos puede ser una buena forma de volver a *entrar en escena*. Podrías **iniciar tu propio grupo social** invitando a todos tus amigas/os que sean padres *en solitario* y a sus hijos a alguna actividad como una merienda o un día en el zoo. Si no conoces a otras madres (o padres) *en solitario*, un grupo de apoyo a divorciados será el lugar donde empezar. Si no tienes hijos, tu tiempo es todo tuyo: ¡Aprovéchalo!

Es importante dedicar tiempo a estas salidas: ya sea con amigos, acudiendo a grupos de apoyo o incluso citas. Tanto tú como tus hijos disfrutaréis de las ventajas, ya que estarás más tranquila y feliz, lo que te hará mejor madre. **Una vez a la semana es el objetivo mínimo** para salir con otros adultos, ya sea a ver una película, hacer ejercicio, ir de compras, dar un paseo o comer. Tomar la decisión de disfrutar de las relaciones de manera regular evitará que te sientas aislada y sola; también mejorará tu entramado social, lo que te dará mayor apoyo y estabilidad.

Consejos rápidos para la educación de los hijos

Educar a tus hijos para que sean individuos responsables y cariñosos es el sueño de cualquier padre, pero el proceso real puede ser la pesadilla de cualquier padre. Sigue estas **sencillas normas para mantener a tus hijos bajo control** y conseguir el mejor comportamiento: puede que no dure... pero trata de comprender que es un proceso continuado.

1 **No esperes la perfección,** ni en ti ni en otros. Alaba los pequeños milagros y esfuerzos especiales, y modifica las normas de la familia según la situación.

2 **Respeta a tus hijos** y no trates de obligarles a comportarse de una manera que choque con su personalidad. Hagas lo que hagas, no conseguirás que un niño activo se comporte como uno tranquilo.

3 **Mantén el control y no pierdas los nervios.** Si tus hijos ven que pierdes el control, pueden sentirse inestables. Ellos imitan tu comportamiento, así que analiza tus reacciones.

4 **Cubre las necesidades diarias de tus hijos.** Dales ejercicio cuando se sientan inquietos, sueño cuando estén cansados, comida cuando tengan hambre y añade una buena mezcla de tiempo social y en solitario. Cuando sus necesidades físicas estén cubiertas, se portarán mucho mejor.

5 **No prestes atención a lo que otras personas piensan** de tu hijo o de tu capacidad como madre/padre. Cada niño puede comportarse como un monstruo o un ángel, así que no te obsesiones. Las rabietas pasan deprisa, y también el comportamiento educado.

6 **Recompensa el buen comportamiento** y penaliza el malo. Emplea cuadros de estrellas, sistemas de premios, tiempo para pensar y otros programas educativos.

LOS HIJOS DE
OTRAS PERSONAS

Tus hijos ya suponen trabajo suficiente.
Entonces, ¿cómo **"soportar"** a sus amigos?

- Si el niño esá en tu casa o tú eres la única
  madre que está al cargo, prevalecen tus
  normas.
  Bastará con recordarlas con firmeza y
  amabilidad: los niños que se comportan
  mal en casa suelen portarse bien en casa
  ajena. Bastará con decir: "Lo siento, pero
  no decimos/hacemos eso en esta casa".
- No intentes educar al otro niño.
  Cíñete al problema que tienes delante
  y busca una solución que beneficie a
  todos.
- Los niños discuten con frecuencia y
  elevan la voz. Si la cosa comienza a subir
  de tono, pregúntales si puedes ayudarles
  a resolver el problema; de no ser así,
  deja que lo resuelvan solos.
- Sé lo más justa posible cuando haya
  peleas y evita tomar partido.
- Si el niño infringe las normas de la casa,
  recuérdale que eso no está permitido,
  pero ofrécele siempre una alternativa.

PAUTAS PARA UNA
"ACAMPADA EN CASA"

Deseas que tus hijos se diviertan pero también te gustaría dormir. He aquí algunas **normas que garantizan la diversión** a niños de cualquier edad.

- Invita a un número par de niños: los números impares implican que uno siempre queda fuera. Limita el número: 4 niños pueden llegar a parecer 8.
- Explica a todos las reglas de la casa.
- Pregunta a los padres si son alérgicos, sus hábitos alimentarios y costumbres.
- Dedica una habitación a los invitados. Si el dormitorio del niño es lo bastante grande, será el lugar ideal.
- Establece una hora para apagar la luz, sino tendrán la luz encendida toda la noche. La luz apagada debería significar que también se apagan todos los estímulos.
- Asegúrate de que tienes los números de contacto de todos los padres, que los niños saben lo que deben traer y que los padres saben el horario de recogida.
- Prepara más comida, bebida y juegos de los que creas que vayan a disfrutar.

RIVALIDAD
ENTRE HERMANOS

Los niños pueden pelearse mucho. Ya sea una discusión infantil o un combate físico en toda regla, los efectos pueden variar desde molestos hasta aterradores. **Ten presente que es natural que los niños se peguen:** les enseña lecciones importantes, a discutir con eficacia, a comprender la perspectiva del otro y a controlar los impulsos. Dicho esto, resulta útil controlar el conflicto y así es cómo puedes hacerlo:

- Analiza por qué tus hijos discuten y trata de resolver la causa, no el síntoma. Podrían estar aburridos, frustrados o no sentirse bien.

- La rivalidad entre hermanos refleja "armonía doméstica". Observa cómo os tratáis todos en la familia y contemplarás un espejo de ello en el comportamiento de los niños.

- Separa a los niños hasta que se calmen. Pídeles que piensen en una solución al problema individualmente y luego la comenten.

- No te centres en quién hizo qué. Dos no discuten si uno no quiere, y es probable que los dos sean culpables.

- Si los niños están discutiendo por sus "posesiones", haz que se turnen para que todos disfruten del juguete, ordenador, juego -o lo que sea- durante un tiempo.

- Procura tener en cuenta los sentimientos de todos: admite el enfado y anímales a que lo superen.

- Deja que encuentren sus propias soluciones. Lo mejor suele ser mantenerse al margen para que puedan aprender a resolver sus diferencias.

Diversión para toda la familia

Es difícil dar prioridad al tiempo en familia porque las exigencias laborales y las tareas domésticas siempre parecen más urgentes. Sin embargo, **es el tiempo más preciado** y más importante. Si tú y tu pareja trabajáis los dos, es importante que aprovechéis al máximo el tiempo que paséis con los niños.

El mejor consejo para aprovechar el tiempo con tu familia es protegerlo y hacer que sea divertido. A medida que los niños crecen, descubrirás que hay **exigencias cada vez más enfrentadas con el tiempo de todos.** El tiempo supuestamente libre puede verse enfrentado a tu trabajo y su vida social. Enseguida descubrirás que si no establecéis algún tiempo para pasar en común, no sucederá sin más. He aquí cómo aumentar el tiempo libre y pasar juntos el máximo tiempo posible.

"TIEMPO JUNTOS" A DIARIO

Debes planificar las actividades familiares con antelación y dejárselas claras a todos. Ponlas en el calendario y procura que todos entiendan que es un tiempo precioso y no quieres que nadie cambie los planes. No te preocupes si todavía no has decidido dónde vais a ir el domingo por la tarde: simplemente **procura que toda la familia sepa que va a ocurrir algo.**

A medida que los niños crecen, **déjales claro lo mucho que valoras el tiempo que pasáis juntos** hablando sobre ello. Diles que los sábados por la tarde en familia significan mucho para ti. Apreciarán el que desees estar con ellos, y rechazarán las invitaciones de última hora de sus amigos.

NO TE DISTRAIGAS

Evita la tentación de responder al móvil y, si estáis en casa, enciende el contestador automático. Si tu trabajo te exige responder las llamadas de teléfono en casa, no atiendas todas las pequeñas peticiones. Resuelve los problemas graves, pero no permitas que te molesten constantemente durante el fin de semana o por la tarde.

APROVÉCHALO AL MÁXIMO

No subestimes lo mucho que puedes disfrutar de un momento "tú a tú" con tus hijos. Hasta los bebés aprecian y valoran cuando **se les atiende en exclusiva.** Mientras crecen, no hay nada más especial para los niños que los momentos de atención que les prestan sus padres.

Actividades para disfrutar CON LOS NIÑOS

Los niños necesitan diversión, pero lo más importante que debemos recordar a la hora de buscar la "actividad familiar perfecta" es que no existe. Disfrutarás del tiempo que pasas con tus hijos, y viceversa, si te **relajas y te diviertes sin más.**

Éstas son algunos planes que puedes poner en práctica...

PATINAR

Barato y divertido, y muchas pistas ofrecen una tarde en familia. Si se convierte en algo habitual, cómprales sus propios patines.

MERIENDAS

No tiene que tratarse de una ocasión especial, **simplemente coge algo de comida** y llévalos al parque, extiende una manta en el suelo y disfrutad del momento. A los niños les encanta comer al aire libre, pues significa que pueden correr y jugar.

NOCHE DE JUEGOS

Soy consciente que después de un día de trabajo, sólo deseamos sentarnos y relajarnos. Pero, cuando os acostumbréis a que una tarde a la semana es la "noche de los juegos", todos la esperaréis con ganas. Es **divertida, educativa y ofrece la oportunidad de conversar.** Elegid juegos de mesa que os gusten a todos.

MUSEOS

Aunque vivas en medio de ninguna parte, seguro que encuentras un museo a una distancia razonable. **Investiga y descubre** las atracciones más interesanes que hay en tu zona.

HAZ QUE TE ENSEÑEN ALGO

Desde jugar al último juego de la consola hasta las letras de sus canciones favoritas: es una excelente manera de relacionarte con tus hijos y hacerles saber que te importan sus asuntos. **No temas parecer tonta** por probar las cosas que les gustan.

COCINAR

A muchos niños les atrae la idea de aprender a cocinar... y enseñarles ofrece la doble ventaja de que podrán ayudarte a preparar la cena. Si les has inculcado una **pasión sana por la cocina**, ¡podrán darte una noche libre en tu tarea de cocinera!

Páginas web *de utilidad*

www.enfemenino.com
Todas las noticias sobre moda, deporte y salud, psicotests, pareja y sexualidad, belleza, ser madre, astrología y cocina para la mujer de hoy.

www.administratuhogar.com
Soluciones prácticas y sencillas para simplificar tu vida.

www.tuimagenpersonal.com
Trucos de belleza, las mejores ideas y trucos para realzar tu belleza interior y exterior, estilismo personal, guía fácil de moda para ir a la última, las mejores direcciones, etc.

www.mundobaby.com
Página web en la que encontrarás información sobre la fertilidad, el embarazo, el parto, el bebé, la infancia, etc. Cuenta con la ayuda y consulta a especialistas.

www.mujeres.universia.es
Página dedicada a la mujer con artículos referentes a la conciliación de la vida laboral y familiar, la promoción laboral, la universidad, salud, ocio y cultura, derechos, etc.